Periphere Verweilkanülen Training & Transfer Pflege

Die Reihe **Training & Transfer Pflege**
wird herausgegeben vom ABZ Verbund Pflege HF.

BZG
Bildungszentrum Gesundheit Basel-Stadt

Höhere Fachschule
Gesundheit und Soziales
Aarau
HFGS

Berner
Bildungszentrum Pflege

PFLEGE
HÖHERE FACHSCHULE SCHAFFHAUSEN

ZAG
Zentrum für Ausbildung im Gesundheitswesen

ABZ Verbund Pflege HF Aargau/Basel/Bern/Schaffhausen/Zürich (Hrsg.)

PERIPHERE VERWEILKANÜLEN

TRAINING & TRANSFER PFLEGE

4. Auflage

hep der bildungsverlag

h e p
der bildungsverlag
www.hep-verlag.ch

Patrick Kühle, Berufsschullehrer HF, Dipl. Pflegefachmann NDS Notfallpflege, seit 2013 am Zentrum für Ausbildung um Gesundheitswesen (ZAG) Kanton Zürich

ABZ Verbund Pflege HF Aargau/Basel/Bern/Schaffhausen/Zürich (Hrsg.)
Periphere Verweilkanülen
Training & Transfer Pflege
Autorinnen/Autor: Patrick Kühle, Vesna Wenger, Andrea Betz
ISBN 978-3-0355-1737-8

Projektleitung: Irène Moser unter Mitwirkung von Beatrice Käser Merz
Umschlag und Gestaltung: Atelier Kurt Bläuer, Bern
Fotos: Nadia Schweizer, Bern; Ursula Elfrich, Winterthur; Patrick Kühle, Winterthur
Zeichnungen: Brigit Herrmann, Atelier Herrmann SGD, Gümmenen

Bibliografische Information der Deutschen Nationalbibliothek:
Die Deutsche Nationalbibliothek verzeichnet diese Publikation in der Deutschen Nationalbibliografie; detaillierte bibliografische Daten sind im Internet über http://dnb.dnb.de abrufbar.

4. Auflage 2020

www.hep-verlag.ch

Zusatzmaterialien und -angebote zu diesem Buch:
http://mehr.hep-verlag.ch/verweilkanuelen

Inhaltsverzeichnis

Vorwort

Die duale höhere Berufsbildung zeichnet sich dadurch aus, dass erforderliche berufliche Kompetenzen für den jeweiligen Beruf in Schule und Praxis erworben werden. In der theoretischen Ausbildung, im Lernbereich Schule, werden Wissen und Kenntnisse erarbeitet, in der praktischen Ausbildung, im Lernbereich Praxis, werden Fähigkeiten und Fertigkeiten erworben und Erfahrungen gesammelt.
An einem dritten Lernort, im Lernbereich Training und Transfer (LTT), werden pflegerische Handlungen in einem simulierten Lernfeld trainiert und theoretisch begründet.
Durch diesen systematischen Ansatz von Lehren und Lernen werden Studierende auf die herausfordernden beruflichen Situationen in der Pflegepraxis vorbereitet.
Berufs- und Pflegefachpersonen aus Schule und Praxis, welche dem ABZ Verbund Pflege der höheren Fachschulen Aargau, Basel, Bern, Schaffhausen und Zürich angehören, haben für den LTT-Lernbereich spezielle Arbeitshefte entwickelt. Diese unterstützen den Erwerb pflegerischer Kompetenzen und den Transfer zwischen Theorie und Praxis.
Jedes Arbeitsheft geht von einem konkreten Fallbeispiel der Akut-, der Langzeit-, der Psychiatrie-, der Rehabilitations- sowie der Kinder- und Familienpflege und/oder der spitalexternen Pflege aus. Konkrete Lernziele beschreiben das angestrebte Lernergebnis, ein Vorkenntnistest aktiviert das zum Thema des Hefts vorhandene Wissen. Das Kernstück der Arbeitshefte bilden die Handlungsabläufe, die kompetenzorientiert aufgebaut sind. Anhand detaillierter Beschreibungen und Begründungen können die einzelnen Schritte erlernt werden, gleichzeitig dienen die Handlungsabläufe als Beobachtungsinstrument für die Selbst- und Fremdkontrolle. Transferaufgaben, eine Lernkontrolle und Instrumente zur Reflexion helfen den Studierenden, sich die pflegerischen Kompetenzen nachhaltig anzueignen.
Wir danken allen Beteiligten für ihr grosses Engagement!

Die Rektorinnen und Rektoren der Mitgliederschulen
Andreas Schächtele, Aarau
Bernadette Oberholzer, Basel
Peter Marbet, Bern
Ernst Schläpfer, Schaffhausen
Hanni Wipf, Winterthur

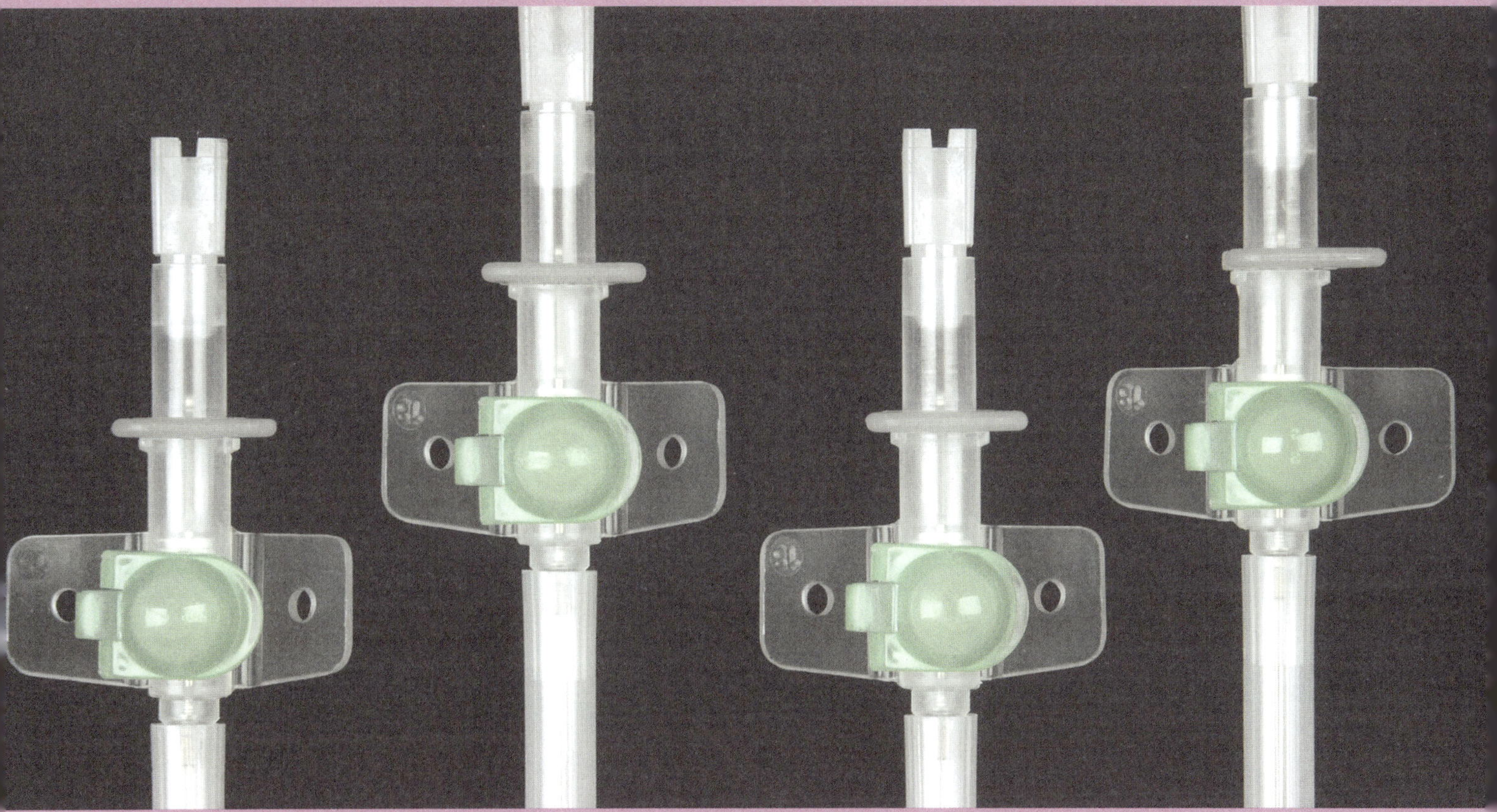

1 Lehre und Methode im Lernbereich Training und Transfer

Ausgangslage von pflegerischem Handeln in der Praxis sind konkrete Pflegesituationen. Um die Herausforderungen in diesen Situationen zu bewältigen, müssen berufsspezifische Kompetenzen erlernt werden. Die Arbeitshefte Training & Transfer Pflege orientieren sich bei der Kompetenzentwicklung am holistischen Berufsbildungsmodell von Felix Rauner et al. (2015) (siehe Kapitel 1.1). Der Aufbau der Trainingshefte hilft, den Transfer von theoretischem Wissen in berufliche Fähigkeiten und Fertigkeiten vorzunehmen und die dafür erforderlichen Kompetenzen zu entwickeln und zu üben. Mit der CAS-Methode (siehe Kapitel 1.2) können die Kompetenzen nachhaltig trainiert werden. Während der Übungssequenzen nimmt das Coaching durch den Trainer/die Trainerin stetig ab, dadurch beginnen die Studierenden selbstständiger zu handeln.

1.1 Kompetenzorientierung

Das Kompetenzmodell von Felix Rauner et al. (2015) stellt die Entwicklung beruflicher Kompetenzen in verschiedenen Kompetenzbereichen und auf mehreren Niveaus dar. Das Modell umfasst acht Kompetenzbereiche, die nötig sind, um berufliche Situationen ganzheitlich und umfassend zu bewältigen.

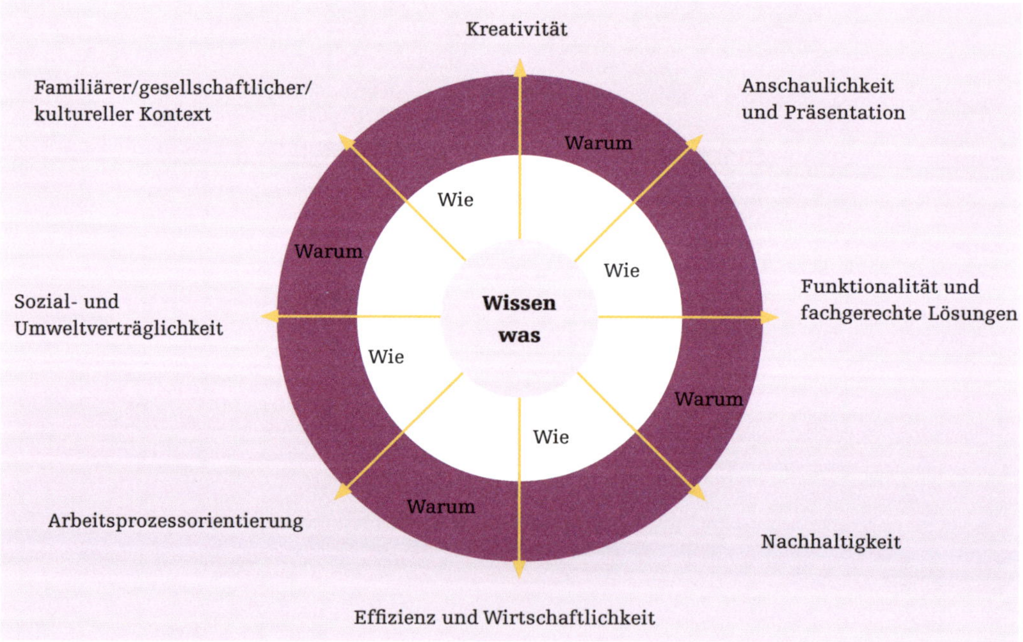

Holistisches Berufsbildungsmodell in Anlehnung an Rauner et al. (2015)

Die Kompetenzbereiche weisen in Pflegeberufen folgende Inhalte auf:

Funktionalität und fachgerechte Lösungen bezeichnen fachlich richtiges Handeln aufgrund von evidenzbasiertem Pflegewissen.

Anschaulichkeit und Präsentation beinhalten, Ergebnisse deutlich, strukturiert, differenziert und nachvollziehbar darzustellen.

Wirtschaftlichkeit umfasst die Frage nach den zeitlichen, personellen und finanziellen Ressourcen.
Nachhaltigkeit bedeutet die wirksame Planung von Interventionen, die ein dauerhaftes Gesunden fördern, Komplikationen vorbeugen und ein Wiederauftreten von Gesundheitsproblemen bestmöglich verhindern.
Arbeitsprozessorientierung zeigt sich in einer professionellen Arbeitsorganisation innerhalb der Pflege und in der interdisziplinären Zusammenarbeit, bei der die Arbeitsprozesse reibungslos ablaufen und Leerläufe vermieden werden.
Umweltverträglichkeit umfasst alle Umweltfaktoren wie Einhalten von hygienischen Richtlinien, Berücksichtigung von Krankheits- und Unfallverhütung und Beachtung des persönlichen Gesundheitsschutzes.
Sozialverträglichkeit wird deutlich in der professionellen Beziehungsgestaltung zu den Pflegebedürftigen und deren Angehörigen unter Berücksichtigung des familiären, kulturellen und ethischen Kontextes.
Kreativität schöpft den situativ vorhandenen pflegeberuflichen Gestaltungsspielraum aus.

Der Einbezug der acht Kompetenzbereiche im Sinne des Rauner-Modells soll dazu beitragen, in einer konkreten Fallsituation möglichst umfassende, wirkungsvolle und effiziente Interventionen auszuwählen und anzuwenden. Die Handlungsabläufe sind deswegen nur Leitlinien für die Handlung selbst – für die Bewältigung der Fallsituation sind zusätzlich immer die individuellen Anforderungen der Situation einzubeziehen. Erst durch die Beachtung aller Kompetenzbereiche in einer Fallsituation wird das gesamte berufliche Können sichtbar.
Das Kompetenzniveau zeigt sich in der beruflichen Situation nach Rauner auf drei verschiedenen Stufen. Auf der ersten Niveaustufe gilt es zu entscheiden, **was** getan werden muss (welche Interventionen), auf der zweiten, **wie** es getan werden muss (korrekte Durchführung), und auf der dritten, **warum** die Intervention so durchgeführt werden muss (fachliche Begründung). Diese drei von Rauner in seinem Modell beschriebenen Niveaustufen werden in den Tabellen der Handlungsabläufe in diesem Heft als Handlungsschritt (wissen was), als Beschreibung der Handlung (wissen wie) und als Begründung (wissen warum) bezeichnet (siehe Kapitel 3).

1.2 Methode

Berufliche Kompetenzen werden erst beherrscht, wenn mehrere Lernschritte vollzogen sind. Für den Bereich Training und Transfer eignet sich die Anwendung der Methode «cognitive apprenticeship» (CAS) (Collins, 2005).
Nach einer Einleitung, in der Ziele, Ablauf und Bedeutung vorgestellt werden, werden in einer Orientierungsphase die Vorkenntnisse aktiviert, Erfahrungen wachgerufen und der Sachwiderstand geklärt. Als Erstes findet das **Model-**

ling statt: Dabei wird der Handlungsablauf demonstriert. Hierbei werden die Handlungsschritte und der fachliche Hintergrund verbalisiert.
Es folgt die Trainingsphase, zu ihr gehören Beobachten, Korrigieren, Unterstützen und Feedbackgeben. Das **Coaching** der Lehrperson findet dabei in mehreren Lernschritten statt:

- Beim **Scaffolding** gibt die Lehrperson Struktur, leitet an und übernimmt bei Bedarf Teilschritte.
- Während des **Fading** tritt die Lehrperson entsprechend der Ausführung der Aufgabe durch die Studierenden in den Hintergrund.
- In der **Articulation** werden die Handlungsschritte und Zusammenhänge schliesslich von den Studierenden selbst erklärt.

Die Kompetenzen können so nach und nach erworben werden, bis die Lernschritte zur vollumfänglichen Selbstständigkeit in der Durchführung der Handlungsabläufe führen. Mit einer **Reflection,** dem Vernetzen, und der **Exploration,** dem Transfer in die Praxis, wird die Lernsequenz abgeschlossen. Die einzelnen Schritte der Methode CAS laufen nicht zwangsläufig linear ab. Es ist mit dem Lernprozess vereinbar, zu einem bereits absolvierten Schritt zurückzugehen. In der beruflichen Praxis können später die individuellen Einflussfaktoren der jeweiligen Pflegesituationen einbezogen werden. Erst dann werden die neu erlernten beruflichen Kompetenzen vollumfänglich eingesetzt.

Lernbereich Training und Transfer: Erlernen komplexer Handlungsabläufe, Entwickeln beruflicher Kompetenzen (nach Collins, 2005)

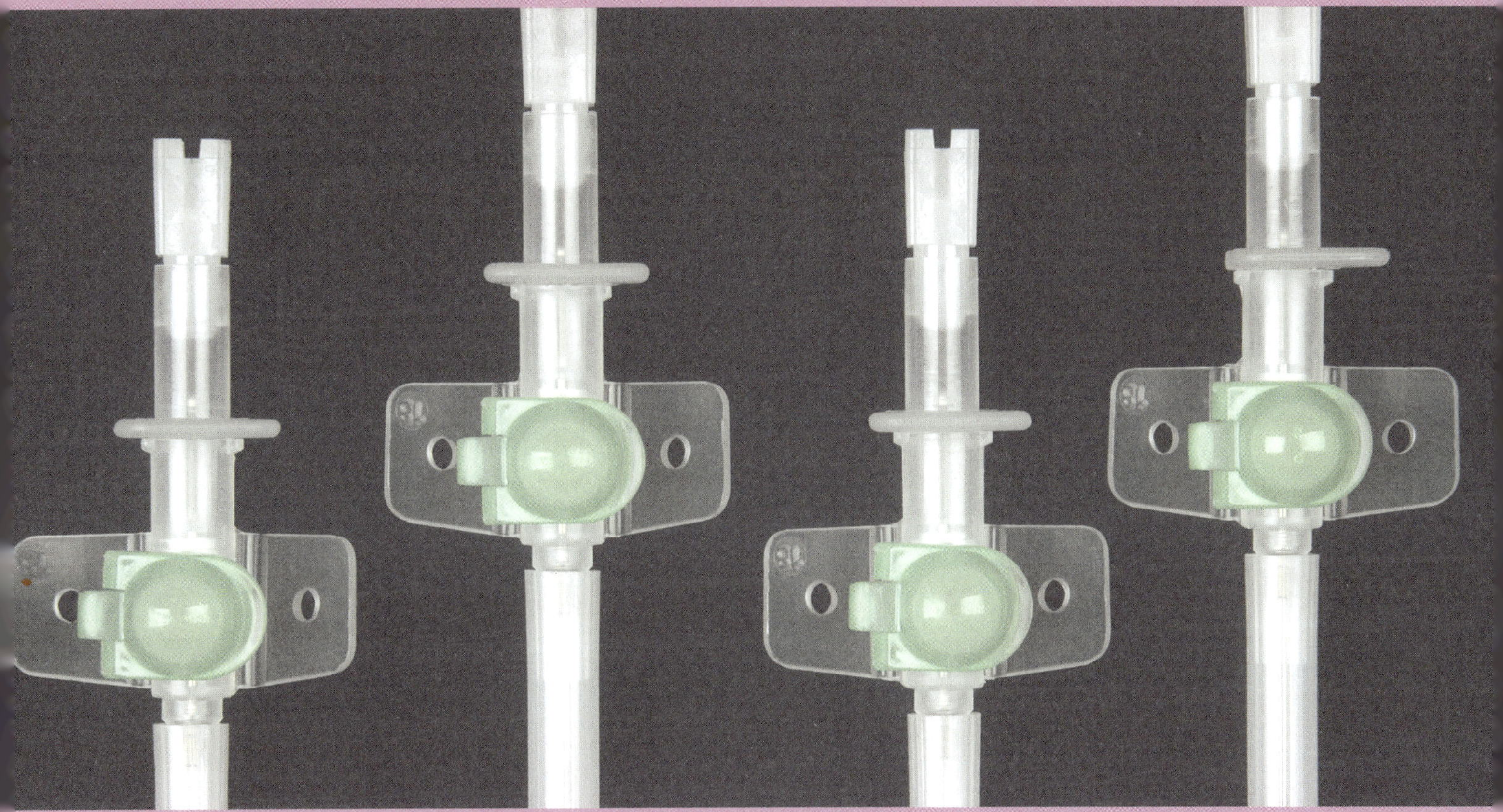

2 Einführung in das Thema

Eine periphere Verweilkanüle (PVK) einzulegen, zu überwachen und laufend zu beurteilen, gehört in den Bereich pflegerisch-beruflicher Tätigkeiten. Pflegefachpersonen müssen in der Lage sein, einen geeigneten Ort für die Verweilkanüle zu bestimmen, sie fachgerecht zu legen und im Anschluss korrekt zu betreuen. Erforderliche Fachkenntnisse bezüglich Anatomie, Physiologie und Hygiene sind notwendig, damit ein einwandfreier Umgang mit peripheren Verweilkanülen gewährleistet ist. So können Patientinnen und Patienten bei dieser invasiven Tätigkeit verständnisvoll begleitet, verantwortungsbewusst in die Pflege miteinbezogen, entsprechend informiert und sinnvoll in den Pflegeprozess integriert werden.

2.1 Lernziele

Die Studierende/Der Studierende …

Funktionalität und fachgerechte Lösungen

… erklärt der Patientin/dem Patienten den Anlass und das Vorgehen beim Einlegen einer peripheren Venenverweilkanüle und zeigt mögliche Risiken auf.

… benennt die Unterschiede bezüglich Beschaffenheit, Material, Farbe und Grösse der PVK und legt aufgrund dessen gemäss der therapeutischen Indikation die Wahl der Verweilkanüle fest.

… beobachtet die Einstichstelle nach massgeblichen Kriterien.

Wirtschaftlichkeit

… geht bei der Vor- und Nachbereitung sowie bei der Anlage der PVK systematisch und effizient vor.

Arbeitsprozessorientierung

… begründet die einzelnen Handlungsschritte beim Einlegen, Verbinden und Entfernen einer PVK.

… leitet relevante Informationen an interdisziplinäre Dienste weiter.

Umweltverträglichkeit

… richtet das für das Einlegen einer PVK notwendige Material unter Beachtung der Hygieneprinzipien.

… führt das Einlegen, Verbinden oder Entfernen einer PVK unter Berücksichtigung der Hygieneprinzipien durch.

… trägt Sorge zum Schutz der persönlichen Gesundheit.

Sozialverträglichkeit

… gestaltet die Beziehung zur Patientin/zum Patienten konstruktiv, aufmerksam und wertschätzend.

… bezieht Ressourcen der Patientin/des Patienten ein und nutzt Möglichkeiten zur Förderung.

… ermöglicht der Patientin/dem Patienten ein Mitspracherecht bei der Durchführung der pflegerischen Intervention.

… vermittelt der Patientin/dem Patienten Sicherheit und zeigt Verständnis.

… reagiert in unerwarteten Situationen geduldig.

Nachhaltigkeit

… beugt gezielt möglichen Komplikationen vor, die beim Einlegen einer liegenden PVK und beim Entfernen einer PVK auftreten können.

… reagiert auf aufgetretene Komplikationen fachkompetent.

Anschaulichkeit und Präsentation

… dokumentiert ihre/seine Beobachtungen und Handlungen differenziert und nachvollziehbar.

2.2 Vorkenntnistest

1. Wie gehen Sie bei schlechten Venenverhältnissen vor?

2. In den Venen des Körperkreislaufs wird sauerstoffreiches Blut transportiert, deshalb ist es hellrot.
   ☐ richtig
   ☐ falsch

3. Wodurch wird das venöse Klappensystem beim Blutrücktransport zum Herz unterstützt?

4. Eine periphere Verweilkanüle wird nur gelegt, wenn die Patientin/der Patient Medikamente oral nicht einnehmen kann.
   ☐ richtig
   ☐ falsch

5. Das Legen einer peripheren Verweilkanüle ist für die meisten Menschen schmerzhaft.
   ☐ richtig
   ☐ falsch

6. Die periphere Verweilkanüle wird erst gewechselt, wenn die Einstichstelle gerötet ist.
   ☐ richtig
   ☐ falsch

7. Welche Kontraindikationen für eine PVK-Platzierung kennen Sie?

8. Nennen Sie zwei Aspekte, die bei einem aseptischen Verbandswechsel beachtet werden müssen.

9. Der Verband einer peripheren Verweilkanüle muss täglich kontrolliert werden.
☐ richtig
☐ falsch

10. Ein Stauschlauch wird beim Legen einer peripheren Verweilkanüle nur verwendet, wenn die Patientin/der Patient schlecht tastbare Venen hat.
☐ richtig
☐ falsch

11. Zu den hygienischen Richtlinien gehört unter anderem eine einwandfreie Desinfektion der Hände der Pflegefachperson sowie die Berücksichtigung der richtigen Einwirkzeit des Hautdesinfektionsmittels.
☐ richtig
☐ falsch

12. Beim Verbandswechsel stellen Sie fest, dass die periphere Verweilkanüle ca. 0,5 cm aus der Vene herausgerutscht ist. Sie schieben die Verweilkanüle in die Vene zurück und führen den Verbandswechsel zu Ende.
☐ richtig
☐ falsch

Lösungen: www.hep-verlag.ch/verweilkanuelen oder im eLehrmittel (Code auf der Umschlaginnenseite)

2.3 Fallbeispiel

Frau Buchli, 51 Jahre alt, verheiratet, wurde mit krampfartigen Oberbauchschmerzen von der Hausärztin via Notfall eingewiesen und weiter auf die medizinische Abteilung verlegt. Dies ist Frau Buchlis erster Spitalaufenthalt. Sie äussert beim Erstgespräch Angst vor dem Aufenthalt, da ihr alles im Spital fremd sei. Sie wisse nicht, wie sie sich verhalten müsse und an wen sie sich wenden solle. Zudem habe sie grosse Angst vor der Diagnose und verstehe nicht, was mit ihrem Körper passiere.
Obwohl Frau Buchli adipös ist, ist ihr momentaner Ernährungszustand unzureichend. Sie hat in den letzten Tagen fast nichts gegessen und getrunken, weil sie von immer wiederkehrender Übelkeit geplagt wurde. Ab und zu musste sie auch erbrechen. Beim Eintritt ins Spital wirkte sie kraftlos und dehydriert. Dies zeigte sich an der trockenen und faltigen Haut. Die Flüssigkeitsbilanz war negativ und der Urin stark konzentriert. Aus diesem Grund wurde sie präoperativ mit einer Infusion von 1000 ml NaCl 0,9 % zusätzlich zur oralen Flüssigkeitsaufnahme versorgt. Nach Abklingen der Entzündung am vierten Tag wurde Frau Buchli operiert: Cholezystektomie mit Revision des Gallenganges.
Postoperativ wird sie mit den üblichen Infusionsmengen nach Verordnung der Anästhesie versorgt.
Der Stationsarzt verordnet am zweiten postoperativen Tag aufgrund steigender Temperatur (über 38,5 °C) ein Antibiotikum, welches dreimal täglich intravenös über die Infusion verabreicht werden soll.
Die Infusion wird von der Pflegefachperson mit verordnetem antibiotischem Zusatz gerichtet.

2.4 Vorbereitende Aufgaben

Materialkenntnisse zu peripheren Verweilkanülen

Lernziele

Die Studierende/Der Studierende …
… lernt handelsübliche Verweilkanülen kennen, die in den Spitälern benutzt werden.
… lernt den Aufbau und die Funktion einer Verweilkanüle kennen.
… weiss um die Indikation der Grösse bei der Wahl einer PVK.

Auftrag

1. Studieren und vergleichen Sie die auf der Abteilung üblichen peripheren Verweilkanülen im Hinblick auf Material, Farbe, Grösse und Durchmesser.
2. Vergleichen Sie Ihre Beobachtungen mit den Informationen aus der Tabelle (S. 7) in der Broschüre «Safety-Verweilkanülen» (Online: www.bbraun.ch/content/dam/catalog/bbraun/bbraunProductCatalog/CW_CH/de-ch/b10/safety-venenverweilkanuelen1.pdf.bb-.19468519/safety-venenverweilkanuelen1.pdf). Halten Sie Ihre Erkenntnisse schriftlich fest.
3. Postoperativ bekommt Frau Buchli eine Infusionstherapie, die aus 2000 ml Ringer Lactat besteht. Wie gross sollte die Kanüle sein? Befragen Sie dazu auch Kolleginnen und Kollegen auf der Abteilung.

Sozialform

Partnerarbeit

Zeit

60 Minuten

Medien

Nutzen Sie die vorhandenen Verweilkanülen der Abteilung und suchen Sie Literatur der entsprechenden Firmen.

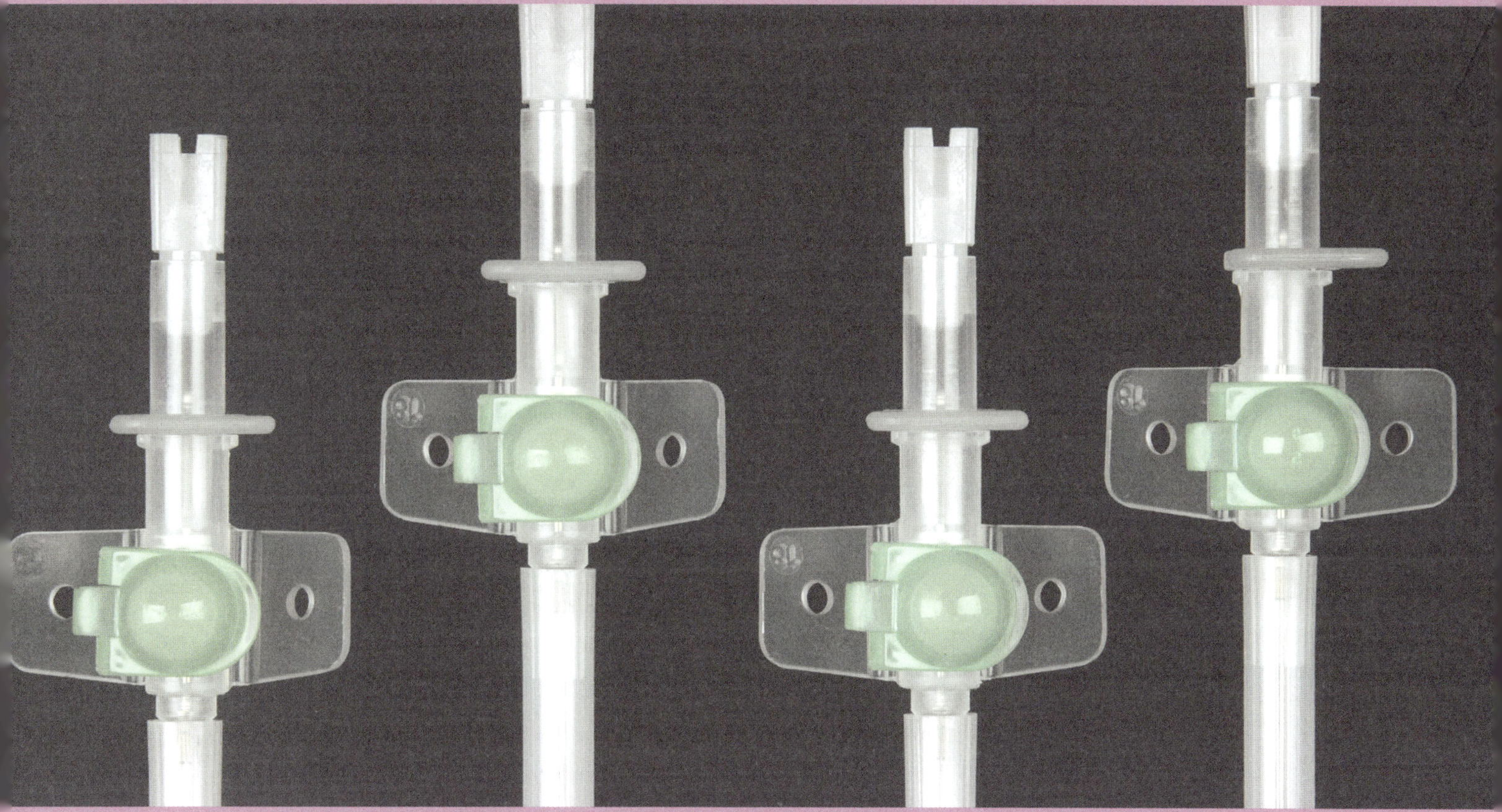

3 Trainingsaufgaben

3.1 Einlegen einer peripheren Verweilkanüle

Arbeitsauftrag

Training

Führen Sie den Handlungsablauf *Einlegen einer peripheren Verweilkanüle* durch.

Auftrag

1. Schauen Sie sich im eLehrmittel den Film «Einlegen einer Venenverweilkanüle» an.
2. Organisieren Sie sich in der Gruppe und weisen Sie folgende Rollen zu:
   - 1 Pflegefachperson
   - 1 Patientin/Patient
   - 1 Beobachterin/Beobachter
3. Führen Sie das Training gemäss Handlungsablauf durch.
4. Dokumentieren Sie Ihre Beobachtungen.
5. Reflektieren Sie die Simulation und geben Sie Feedback anhand folgender Fragen:

   Pflegefachperson
   - Was ist mir gelungen? Wo fühlte ich mich sicher?
   - Wo traten Schwierigkeiten oder Unsicherheiten auf?
   - Welche Erkenntnisse ziehe ich daraus?

   Patientin/Patient
   - Wie wurde ich in die Handlung einbezogen?
   - Wie wurde ich informiert?
   - Wie habe ich die Pflegefachperson erlebt?
   - Wurde meine Intimsphäre geschützt?
   - Wurden meine Fragen zufriedenstellend beantwortet?

   Beobachterin/Beobachter
   - Wurde das Material vollständig und korrekt vorbereitet?
   - War das Vorgehen gemäss dem Handlungsablauf korrekt?
   - Wurden die Prinzipien der Asepsis und Antisepsis eingehalten?
   - Hatte die Patientin/der Patient Gelegenheit, Fragen zu stellen oder Unsicherheiten zu äussern?
   - Wurde die Patientin/der Patient laufend informiert?
6. Wechseln Sie die Rollen, bis jede Person alle Rollen eingenommen hat.

Sozialform

Gruppenarbeit

Zeit

60 Minuten

Handlungsablauf

HANDLUNGSSCHRITT	BESCHREIBUNG	BEGRÜNDUNG	BEOBACHTUNGEN
Vorbereitung			
Pflegedokumentation prüfen	Informieren Sie sich in der Pflegedokumentation über die Verordnung und den Zustand der Patientin/des Patienten.	Sie verhindern so, dass notwendiges Material fehlt, setzen Ressourcen optimal ein und vermeiden Komplikationen.	☐ richtig ☐ falsch ☐ nicht ausgeführt
Kenntnisse prüfen	Prüfen Sie, ob Sie ausreichende Kenntnisse über Indikation, Kontraindikation, Komplikationen sowie zur auszuführenden Handlung besitzen.	Eine gute Ausgangslage für eine korrekte und situationsgerechte Ausführung der Handlung wird geschaffen.	☐ richtig ☐ falsch ☐ nicht ausgeführt
Arbeitsfläche vorbereiten	Ziehen Sie ggf., je nach Herstellerangaben des Flächendesinfektionsmittels, zu Ihrem Schutz Einmalhandschuhe an und desinfizieren Sie die Arbeitsfläche (Rollwagen/Tablett für Transport) mit einer Wischdesinfektion. Beachten Sie die Einwirkungszeit des Flächendesinfektionsmittels und warten Sie, bis die Arbeitsfläche trocken ist.	Das Flächendesinfektionsmittel kann kanzerogen wirken oder Hautschädigungen verursachen. Die Desinfektion der Arbeitsfläche bewirkt eine Reduktion der Keime.	☐ richtig ☐ falsch ☐ nicht ausgeführt
Hände desinfizieren 	Führen Sie nach dem Ausziehen der Handschuhe und vor dem aseptischen Arbeiten mit sterilem Material eine korrekte Händedesinfektion durch.	Eine Übertragung und Verbreitung von Mikroorganismen wird verhindert.	☐ richtig ☐ falsch ☐ nicht ausgeführt
Material vorbereiten 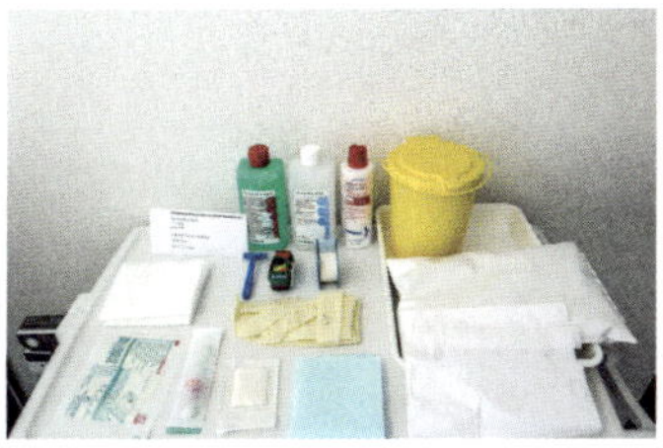	Legen Sie das folgende Material auf der desinfizierten Arbeitsfläche bereit: – Hautdesinfektionsmittel – Händedesinfektionsmittel – 1 Paar unsterile Handschuhe – Stauschlauch – sterile Tupfer – steriler Verband für die Kanüle – Verweilkanüle (Auswahl bereithalten) – evtl. Rasierer		☐ richtig ☐ falsch ☐ nicht ausgeführt

HANDLUNGSSCHRITT	BESCHREIBUNG	BEGRÜNDUNG	BEOBACHTUNGEN
Vorbereitung			

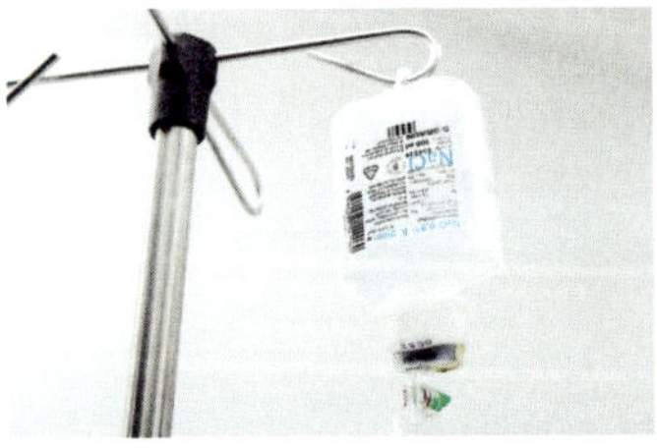	– evtl. Kissen und flüssigkeitsdichte Unterlage als Bettschutz
	– gerichtete Infusion ohne Zusatz
	– Infusionsständer
	– stichfeste Abwurfbox
	– Abfallsack
	– ärztliche Verordnung
	– ggf. Material für eine Blutentnahme:
	  – Adapter für PVK
	  – Blutentnahmeröhrchen
	  – Laborblatt		

	Kontrollieren Sie das sterile Material auf Verfalldatum und Unversehrtheit der Verpackung. Unterteilen Sie die Arbeitsfläche in einen Bereich mit sterilem und einen mit unsterilem Material.	Sterilität stellt Sicherheit für die Patientin/den Patienten dar. Ein zügiges Arbeiten und Erreichen der Materialien ist gewährleistet.	
Präsenzlicht einschalten	Schalten Sie das Präsenzlicht ein.	Das Präsenzlicht markiert im Flur die Anwesenheit einer Pflegefachperson im Zimmer der Patientin/des Patienten. Sie haben so die Möglichkeit, bei einem Notfall Alarm auszulösen.	☐ richtig ☐ falsch ☐ nicht ausgeführt
Arbeitsplatz einrichten	Schliessen Sie je nach Bedarf alle Fenster und Türen. Schicken Sie je nach Ermessen Besucherinnen/Besucher aus dem Zimmer und/oder installieren Sie einen Sichtschutz.	Zugluft wird vermieden. Die Privatsphäre der Patientin/des Patienten wird gewahrt.	☐ richtig ☐ falsch ☐ nicht ausgeführt
Hände desinfizieren 	Führen Sie vor dem Kontakt mit der Patientin/dem Patienten eine korrekte Händedesinfektion durch.	Eine Übertragung und Verbreitung von Mikroorganismen wird verhindert.	☐ richtig ☐ falsch ☐ nicht ausgeführt

HANDLUNGSSCHRITT	BESCHREIBUNG	BEGRÜNDUNG	BEOBACHTUNGEN
Vorbereitung			
Patientin/Patienten vorbereiten	Begrüssen Sie die Patientin/den Patienten und stellen Sie sich, falls noch nicht geschehen, mit Namen und Funktion vor. Fragen Sie die Patientin/den Patienten nach ihrem/seinem Befinden. Erklären Sie den Anlass und die Dauer der bevorstehenden Pflegehandlung. Holen Sie das Einverständnis der Patientin/des Patienten ein. Fragen Sie nach Wünschen.	Bei Übelkeit, Schmerzen, Unwohlsein sollte der Ablauf angepasst oder entsprechend vorbereitet werden. Die Patientin/Der Patient weiss stets, welche Massnahmen an ihr/ihm vorgesehen sind. Eine korrekte und verständliche Information fördert die Akzeptanz und das Vertrauen der Patientin/des Patienten. Sie/Er fühlt sich respektiert.	☐ richtig ☐ falsch ☐ nicht ausgeführt
Rückenschonend arbeiten	Stellen Sie das Bett in eine rückenschonende Position. Sorgen Sie für ausreichende Beleuchtung.	Rückenschäden werden vermieden. Effiziente Arbeitsbedingungen werden geschaffen.	☐ richtig ☐ falsch ☐ nicht ausgeführt
Vitalzeichen prüfen	Prüfen Sie, wenn nötig, die Vitalzeichen und dokumentieren Sie diese. Reagieren Sie bei veränderten Werten.	Die Vitalzeichen sind wichtige Parameter, um den Allgemeinzustand zu erfassen.	☐ richtig ☐ falsch ☐ nicht ausgeführt
Arbeitsfläche vorbereiten	Bereiten Sie ggf. die Arbeitsfläche gemäss bereits beschriebenem Vorgehen vor.	Wurde das Material auf einem Tablett gerichtet, wird es nun gemäss Hygienerichtlinien auf einer grösseren Fläche, wie z. B. einem Patiententisch oder Beistelltisch, ausgebreitet.	☐ richtig ☐ falsch ☐ nicht ausgeführt
Patientin/Patienten lagern	Bitten Sie die Patientin/den Patienten eine bequeme Oberkörperhochlage einzunehmen und den Arm frei zu machen.	Wohlbefinden und Sicherheit der Patientin/des Patienten sind gewährleistet.	☐ richtig ☐ falsch ☐ nicht ausgeführt
Durchführung			
Infusion kontrollieren 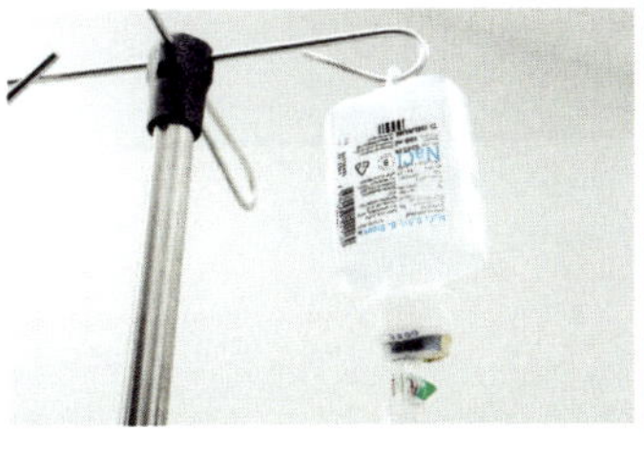	Wenden Sie die 6-R-Regel an: – Richtige(r) Patient(in) – Richtiges Medikament – Richtige Dosis – Richtige Applikationsform – Richtiger Zeitpunkt – Richtige Dokumentation	Es wird gewährleistet, dass die korrekte Infusion vorbereitet wurde und die an Sie delegierte Handlung auf ihre Richtigkeit überprüft wird.	☐ richtig ☐ falsch ☐ nicht ausgeführt

HANDLUNGSSCHRITT	BESCHREIBUNG	BEGRÜNDUNG	BEOBACHTUNGEN
Durchführung			
Für Ruhe sorgen	Informieren Sie die Patientin/den Patienten, dass Sie während der invasiven Tätigkeit nicht sprechen werden. Informieren Sie die Zimmernachbarn, dass Sie für einige Minuten beschäftigt sind.	Die Hygiene ist gewährleistet.	☐ richtig ☐ falsch ☐ nicht ausgeführt
Arbeitsposition einnehmen	Nehmen Sie eine stabile und bequeme Arbeitsposition ein, setzen Sie sich gegebenenfalls hin.		☐ richtig ☐ falsch ☐ nicht ausgeführt
Patientin/Patienten informieren	Informieren Sie die Patientin/den Patienten kurz über den Ablauf der nächsten Schritte, im Speziellen wird vor dem Einstich auf den Stich hingewiesen.	Ein unvorbereiteter Stich kann Patientinnen/Patienten erschrecken, sodass sie ihren Arm wegziehen. Es hat sich bewährt, zu fragen, ob sie/er bereit ist.	☐ richtig ☐ falsch ☐ nicht ausgeführt
Extremität lagern 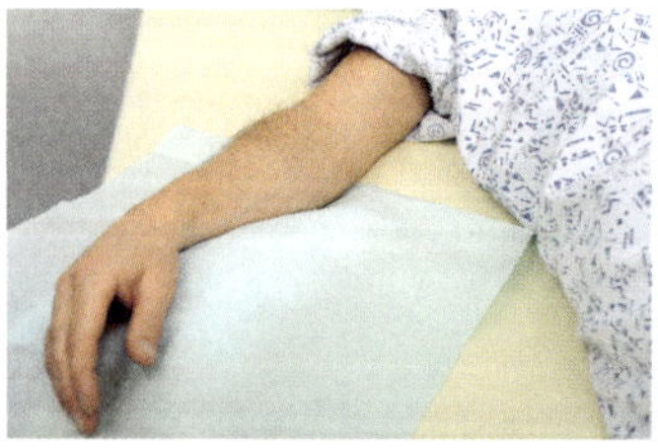	Legen Sie ein Lagerungskissen und eine flüssigkeitsdichte Unterlage zum Bettschutz unter den Arm. Achten Sie darauf, dass der Arm gegen unten liegt und durchgestreckt ist.	Zugang und Sicht auf die Punktionsstelle wird erleichtert. Die Extremität soll möglichst gegen unten gelagert werden, damit die Venen gefüllt werden.	☐ richtig ☐ falsch ☐ nicht ausgeführt
Stauschlauch anlegen, Radialispuls ertasten 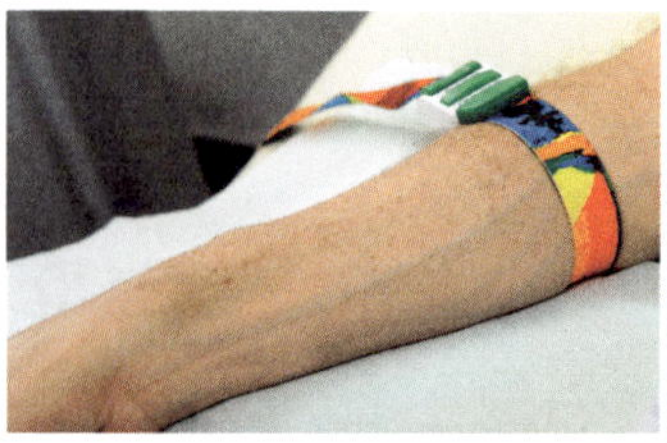 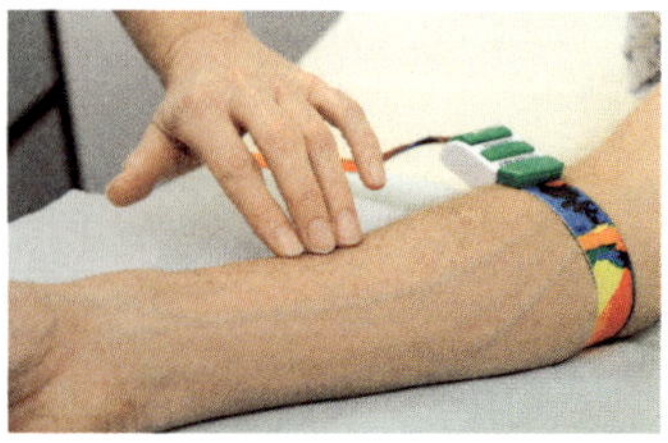	Legen Sie den Stauschlauch mindestens vier Finger oberhalb der Punktionsstelle an. Achten Sie dabei darauf, dass der arterielle Blutfluss aufrechterhalten bleibt, indem Sie zuerst die *Arteria radialis* ertasten.	Die Venen füllen sich durch das Stauen besser. Der Stauungsdruck darf den arteriellen Druck nicht überschreiten. Die arterielle Perfusion muss vorhanden sein. Die PVK wird vorzugsweise am nicht dominanten Arm gelegt.	☐ richtig ☐ falsch ☐ nicht ausgeführt

HANDLUNGSSCHRITT	BESCHREIBUNG	BEGRÜNDUNG	BEOBACHTUNGEN
Durchführung			
Vene aufsuchen	Beurteilen Sie die Venen auf: – Füllung – Elastizität – richtige Stelle (gelenkfern, vorzugsweise nicht dominanter Arm) – umliegende Strukturen (Nävus, Verletzung, Hautirritationen …) – Rollvene? Nachdem Sie eine Vene für die Punktion ausgewählt haben, lösen Sie den Stauschlauch wieder. Die Stauung sollte nicht länger als 30 Sekunden dauern.	Es wird sichergestellt, dass die PVK an optimaler Position gelegt wird.	☐ richtig ☐ falsch ☐ nicht ausgeführt
Abwurfbox öffnen	Öffnen Sie die stichfeste Abwurfbox.	So können Sie nachher bei Bedarf die Nadel sofort entsorgen, ohne sich zu verletzen.	☐ richtig ☐ falsch ☐ nicht ausgeführt
Gegebenenfalls Haare entfernen	Entfernen Sie bei Bedarf und starker Behaarung die Haare vom Punktionsort vorsichtig und vermeiden Sie Hautverletzungen. Holen Sie vorher das Einverständnis ein.	Zu viele Haare können später Schmerzen beim Entfernen des Pflasters verursachen. Zudem klebt das Pflaster ungenügend auf der Haut. Verletzungen der Haut können bei der Desinfektion der Haut unangenehmes Brennen hervorrufen.	☐ richtig ☐ falsch ☐ nicht ausgeführt
Hände desinfizieren 	Führen Sie vor dem aseptischen Arbeiten mit sterilem Material eine korrekte Händedesinfektion durch.	Eine Übertragung und Verbreitung von Mikroorganismen wird verhindert.	☐ richtig ☐ falsch ☐ nicht ausgeführt
Steriles Material öffnen 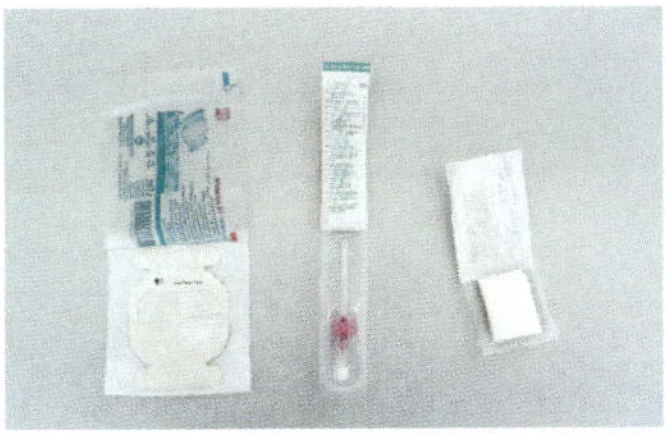	Öffnen Sie die Verpackungen von Tupfer, Verband/Pflaster für PVK und Verweilkanüle. Legen Sie alles gut erreichbar bereit.	Zügiges und sauberes Arbeiten ist gewährleistet.	☐ richtig ☐ falsch ☐ nicht ausgeführt

HANDLUNGSSCHRITT	BESCHREIBUNG	BEGRÜNDUNG	BEOBACHTUNGEN
Durchführung			
Hautareal desinfizieren	Desinfizieren Sie das Hautareal um die vorgesehene Einstichstelle mit einem Hautdesinfektionsmittel und einem sterilen Tupfer. Beachten Sie die Einwirkzeit.	Eine Verbreitung von Mikroorganismen wird verhindert.	☐ richtig ☐ falsch ☐ nicht ausgeführt
Unsterile Handschuhe anziehen	Ziehen Sie unsterile Einmalhandschuhe an.	Die invasive Massnahme birgt die Gefahr für die Pflegeperson, mit Blut assoziierten Erregern in Kontakt zu kommen. Die Handschuhe dienen zum Selbstschutz.	☐ richtig ☐ falsch ☐ nicht ausgeführt
Stauschlauch anziehen, Radialispuls kontrollieren	Ziehen Sie nun erneut den Stauschlauch an und prüfen Sie den Radialispuls.	Die Venen sind besser gefüllt und dadurch sichtbar.	☐ richtig ☐ falsch ☐ nicht ausgeführt
Verweilkanüle vorbereiten 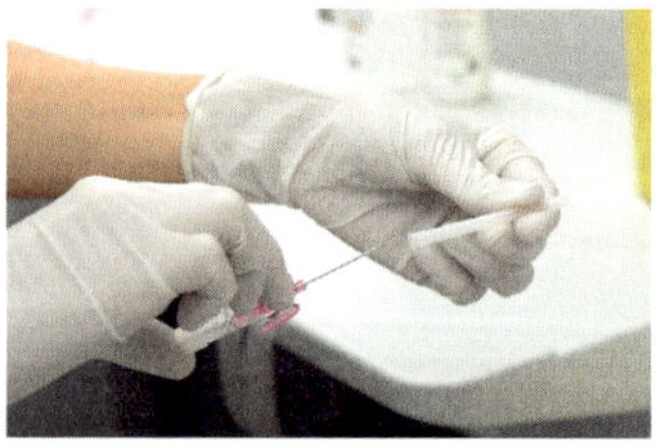	Nehmen Sie die Verweilkanüle aus der Verpackung und entfernen Sie die Schutzhülle. Halten Sie die Kanüle mit Zeige- und Mittelfinger an der Zuspritzpforte oder den Flügeln und fixieren Sie das Ende der Kanüle mit dem Daumen.	Dadurch wird eine Kontamination des Materials mit pathogenen Keimen verhindert – so kann eine nosokomiale Infektion vermieden werden.	☐ richtig ☐ falsch ☐ nicht ausgeführt
Verweilkanüle einführen 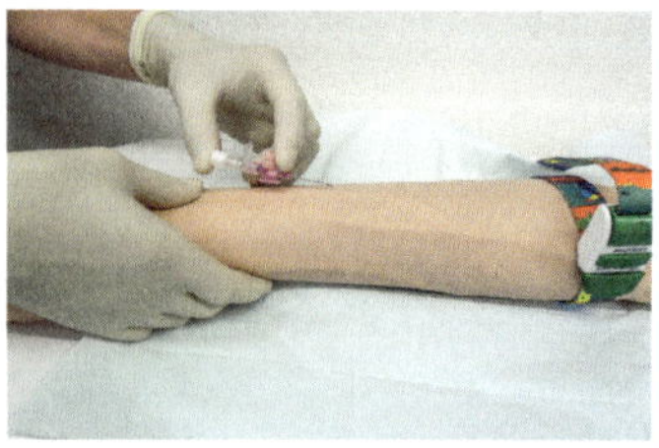	Spannen Sie die Haut unterhalb der Punktionsstelle an und punktieren Sie die Vene in einem Winkel von 15–25 Grad. Berühren Sie die Einstichstelle nicht.	Das Einführen der Kanüle wird erleichtert und Schmerzen werden ggf. verringert. Kontamination der Einstichstelle vermeiden.	☐ richtig ☐ falsch ☐ nicht ausgeführt

HANDLUNGSSCHRITT	BESCHREIBUNG	BEGRÜNDUNG	BEOBACHTUNGEN
Durchführung			
Kunststoffkatheter positionieren 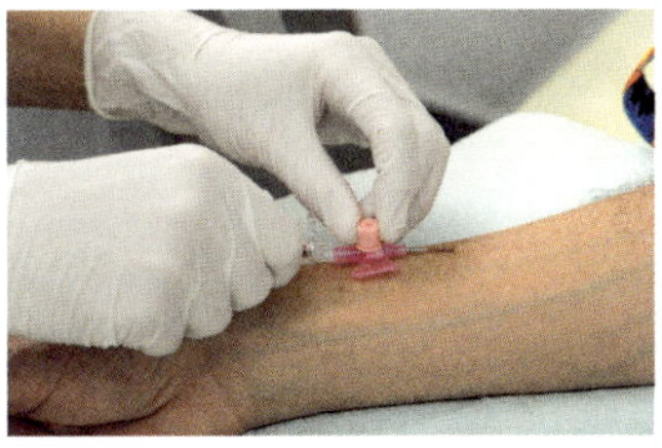	Senken Sie die Kanüle parallel zur Haut ab. Schieben Sie den Katheter und die Kanüle zusammen etwas vor. Ziehen Sie die Stahlkanüle wenige Millimeter zurück und schieben Sie gleichzeitig den Kunststoffkatheter bis zur Einstichstelle.	Damit stellen Sie sicher, dass sich der Katheter in der Vene befindet. Wird der zweite Blutrückfluss in der Katheterkapillare sichtbar, können Sie von einer korrekten Lage des Katheters ausgehen. Ein unterlegter steriler Tupfer saugt das Blut auf, das beim Entfernen des Stahlmandrins austreten kann.	☐ richtig ☐ falsch ☐ nicht ausgeführt
	Die Stahlkanüle darf danach nicht mehr in den Katheter vorgeschoben werden.	Teile des Katheters könnten abgetrennt und in den Körperkreislauf eingeschwemmt werden.	
	Öffnen Sie den Stauschlauch.		
Vene komprimieren, PVK fixieren 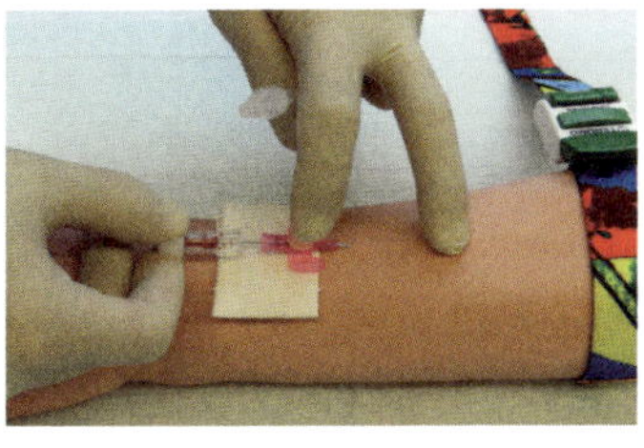	Komprimieren Sie mit dem Mittelfinger die punktierte Vene ca. 3 cm hinter der Einstichstelle. Fixieren Sie die PVK mit dem Zeigefinger an der Zuspritzpforte oder dem Flügel. Ziehen Sie die Stahlkanüle mit einer gleichmässigen Bewegung gerade aus dem Katheteransatz zurück. Entsorgen Sie die Kanüle in der stichfesten Abwurfbox.	Das Bluten aus der PVK kann so gestoppt werden. Sie vermeiden eine Dislokation des Katheters. Der passive Safety-Cup verschliesst automatisch die Kanülenspitze. So schützen Sie sich vor einer Stichverletzung.	☐ richtig ☐ falsch ☐ nicht ausgeführt
	Berühren Sie die Einstichstelle nicht.	Kontamination der Einstichstelle vermeiden.	
	Im Falle einer erfolglosen Venenpunktion entfernen Sie zuerst die Stahlkanüle, um den Sicherheitsmechanismus zu aktivieren, und entfernen erst anschliessend den Katheter.		

HANDLUNGSSCHRITT	BESCHREIBUNG	BEGRÜNDUNG	BEOBACHTUNGEN
Durchführung			
Gegebenenfalls Blutentnahme durchführen	Führen Sie, falls vom Arzt/von der Ärztin verordnet, eine Blutentnahme durch. Schliessen Sie den Adapter am Katheteransatz an und setzen Sie nacheinander die Blutentnahmeröhrchen auf. Reihenfolge: 1. Blutkulturen 2. Gerinnung 3. Blutsenkung 4. Chemie (Trenngel mit Gerinnungsfaktoren) 5. Chemie (Heparin) 6. Hämatologie (EDTA) 7. Glukose 8. Spurenelemente Schwenken Sie sofort nach der Blutentnahme mehrmals alle Röhrchen. Entsorgen Sie den Adapter in der stichfesten Abwurfbox.	Die korrekte Reihenfolge der Röhrchen verhindert iatrogen verursachte Fehlmessungen.	☐ richtig ☐ falsch ☐ nicht ausgeführt
Infusion an Kanüle anschliessen und überprüfen	Schliessen Sie die verordnete Infusion an den Katheteransatz an, ohne dabei die beiden Ansatzpunkte zu berühren. Fixieren Sie den Infusionsschlauch mit unsterilem Pflaster. Öffnen Sie die Rollklemme der Infusion und lassen Sie sie langsam einlaufen. Beobachten Sie dabei die Punktionsstelle und nehmen Sie mögliche Reaktionen der Patientin/des Patienten wahr.	Das Bluten aus der PVK kann so gestoppt werden. Sie vermeiden eine Dislokation des Katheters.	☐ richtig ☐ falsch ☐ nicht ausgeführt

HANDLUNGSSCHRITT	BESCHREIBUNG	BEGRÜNDUNG	BEOBACHTUNGEN
Durchführung			
Verweilkanüle befestigen 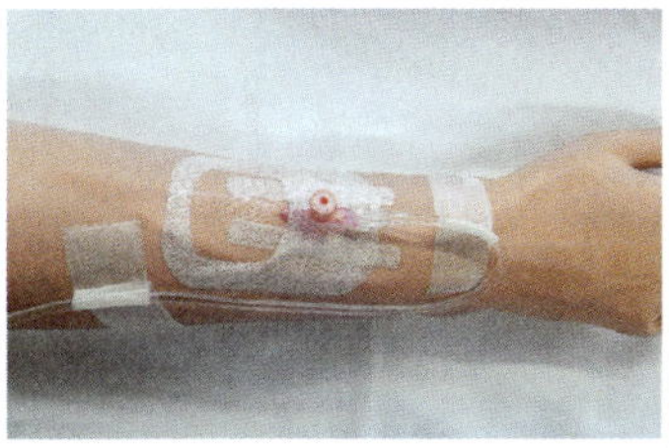	Stabilisieren Sie den Katheter und schützen Sie die Einstichstelle mithilfe eines sterilen Verweilkanülenpflasters. Fixieren Sie die PVK-Fixierungsplatten («Flügel») mit sterilen Klebestreifen, ohne die Einstichstelle zu berühren. Beachten Sie hausinterne Richtlinien. Befestigen Sie den Infusionsschlauch mit hautfreundlichem Pflaster mittels Schlaufe an der Haut.	Eine Dislokation der PVK wird verhindert. Die Gefahr einer gefässassoziierten Infektion wird vermindert. Bei manchen PVK-Pflastern sind zur Fixierung sterile Klebestreifen integriert. Das Anlegen einer Schlaufe mittels Pflaster verhindert, dass die Patientin/der Patient mit dem Infusionsschlauch hängen bleibt und die PVK in der Folge herauszieht.	☐ richtig ☐ falsch ☐ nicht ausgeführt
Nachbereitung			
Hände desinfizieren 	Führen Sie nach dem Ausziehen der Handschuhe und nach Tätigkeiten mit potenziell infektiösem Material eine korrekte Händedesinfektion durch.	Eine Übertragung und Verbreitung von Mikroorganismen wird verhindert.	☐ richtig ☐ falsch ☐ nicht ausgeführt
Pflegeintervention abschliessen	Versichern Sie sich, dass die Patientin/der Patient Ihre Anweisungen verstanden hat. Fragen Sie nach, ob sie/er zufrieden ist, und klären Sie, ob weitere Fragen oder Unsicherheiten bestehen. Überprüfen Sie die Fliessgeschwindigkeit der Infusion und korrigieren Sie sie gegebenenfalls. Stellen Sie sicher, dass die Patientin/der Patient bequem liegt, und stellen Sie das Bett wieder in die Ausgangsposition zurück.	Die Patientin/der Patient kann normalerweise den Arm mit liegender PVK frei bewegen. Bei Schmerz oder eingeschränktem Wohlbefinden muss der Ursache auf den Grund gegangen werden.	☐ richtig ☐ falsch ☐ nicht ausgeführt
Hände desinfizieren 	Führen Sie nach Abschluss der Pflegeintervention eine korrekte Händedesinfektion durch.	Eine Übertragung und Verbreitung von Mikroorganismen wird verhindert.	☐ richtig ☐ falsch ☐ nicht ausgeführt

HANDLUNGSSCHRITT	BESCHREIBUNG	BEGRÜNDUNG	BEOBACHTUNGEN
Nachbereitung			
Präsenzlicht ausschalten	Versichern Sie sich, dass die Glocke für die Patientin/den Patienten in Griffnähe ist, und schalten Sie das Präsenzlicht aus.	Falls Hilfe benötigt wird, kann die Patientin/der Patient eine Pflegefachperson rufen. Mit dem Ausschalten des Präsenzlichts wird ein Fehlalarm vermieden.	☐ richtig ☐ falsch ☐ nicht ausgeführt
Material nachbereiten	Entsorgen Sie das Einwegmaterial im Abfallbehälter und führen Sie nach hausinternen Richtlinien eine korrekte Reinigung von Arbeitsfläche, Mehrwegmaterialien und Instrumenten durch.		☐ richtig ☐ falsch ☐ nicht ausgeführt
Hände desinfizieren 	Führen Sie nach Abschluss der Handlung eine korrekte Händedesinfektion durch.	Eine Übertragung und Verbreitung von Mikroorganismen wird verhindert.	☐ richtig ☐ falsch ☐ nicht ausgeführt
Beobachtungen und Pflegeintervention dokumentieren	Halten Sie die Pflegeintervention und Ihre Beobachtungen in der Pflegedokumentation fest.	Die Pflegekontinuität wird sichergestellt.	☐ richtig ☐ falsch ☐ nicht ausgeführt

Notizen

3.2 Kontrolle der Einstichstelle/des Verbands einer peripheren Verweilkanüle

Arbeitsauftrag

Training

Führen Sie den Handlungsablauf *Kontrolle der Einstichstelle/des Verbands einer peripheren Verweilkanüle* durch.

Auftrag

1. Organisieren Sie sich in der Gruppe und weisen Sie folgende Rollen zu:
   - 1 Pflegefachperson
   - 1 Patientin/Patient
   - 1 Beobachterin/Beobachter
2. Führen Sie das Training gemäss Handlungsablauf durch.
3. Dokumentieren Sie Ihre Beobachtungen.
4. Reflektieren Sie die Simulation und geben Sie Feedback anhand folgender Fragen:
   Pflegefachperson
   - Was ist mir gelungen? Wo fühlte ich mich sicher?
   - Wo traten Schwierigkeiten oder Unsicherheiten auf?
   - Welche Erkenntnisse ziehe ich daraus?

   Patientin/Patient
   - Wie wurde ich in die Handlung einbezogen?
   - Wie wurde ich informiert?
   - Wie habe ich die Pflegefachperson erlebt?
   - Wurde meine Intimsphäre geschützt?
   - Wurden meine Fragen zufriedenstellend beantwortet?

   Beobachterin/Beobachter
   - Wurde das Material vollständig und korrekt vorbereitet?
   - War das Vorgehen gemäss dem Handlungsablauf korrekt?
   - Wurden die Prinzipien der Asepsis und Antisepsis eingehalten?
   - Hatte die Patientin/der Patient Gelegenheit, Fragen zu stellen oder Unsicherheiten zu äussern?
   - Wurde die Patientin/der Patient laufend informiert?
5. Wechseln Sie die Rollen, bis jede Person alle Rollen eingenommen hat.

Sozialform

Gruppenarbeit

Zeit

45 Minuten

Handlungsablauf

HANDLUNGSSCHRITT	BESCHREIBUNG	BEGRÜNDUNG	BEOBACHTUNGEN
Vorbereitung			
Pflegedokumentation prüfen	Informieren Sie sich über die Befindlichkeit der Patientin/des Patienten: Lage, Liegezeit der Verweilkanüle. Klären Sie an der Visite ab, ob und wie lange die Verweilkanüle benötigt wird.	Die Indikation für eine Venenverweilkanüle muss täglich überprüft werden.	☐ richtig ☐ falsch ☐ nicht ausgeführt
Präsenzlicht einschalten	Schalten Sie das Präsenzlicht ein.	Das Präsenzlicht markiert im Flur die Anwesenheit einer Pflegefachperson im Zimmer der Patientin/des Patienten. Sie haben so die Möglichkeit, bei einem Notfall Alarm auszulösen.	☐ richtig ☐ falsch ☐ nicht ausgeführt
Arbeitsplatz einrichten	Schliessen Sie je nach Bedarf alle Fenster und Türen. Schicken Sie je nach Ermessen Besucherinnen/Besucher aus dem Zimmer und/oder installieren Sie einen Sichtschutz.	Zugluft wird vermieden. Die Privatsphäre der Patientin/des Patienten wird gewahrt.	☐ richtig ☐ falsch ☐ nicht ausgeführt
Hände desinfizieren 	Führen Sie vor dem Kontakt mit der Patientin/dem Patienten eine korrekte Händedesinfektion durch.	Eine Übertragung und Verbreitung von Mikroorganismen wird verhindert.	☐ richtig ☐ falsch ☐ nicht ausgeführt
Patientin/Patienten vorbereiten	Begrüssen Sie die Patientin/den Patienten und stellen Sie sich, falls noch nicht geschehen, mit Namen und Funktion vor. Fragen Sie die Patientin/den Patienten nach ihrem/seinem Befinden. Erklären Sie den Anlass und die Dauer der bevorstehenden Pflegehandlung. Holen Sie das Einverständnis der Patientin/des Patienten ein. Fragen Sie nach Wünschen.	Bei Übelkeit, Schmerzen, Unwohlsein sollte der Ablauf angepasst oder entsprechend vorbereitet werden. Die Patientin/Der Patient weiss stets, welche Massnahmen an ihr/ihm vorgesehen sind. Eine korrekte und verständliche Information fördert die Akzeptanz und das Vertrauen der Patientin/des Patienten. Sie/Er fühlt sich respektiert.	☐ richtig ☐ falsch ☐ nicht ausgeführt
Rückenschonend arbeiten	Stellen Sie das Bett in eine rückenschonende Position. Sorgen Sie für ausreichende Beleuchtung.	Rückenschäden werden vermieden. Effiziente Arbeitsbedingungen werden geschaffen.	☐ richtig ☐ falsch ☐ nicht ausgeführt

HANDLUNGSSCHRITT	BESCHREIBUNG	BEGRÜNDUNG	BEOBACHTUNGEN
Durchführung			
Verband kontrollieren	Kontrollieren Sie den Verband ggf. mit unsterilen Handschuhen auf Durchfeuchtung (Blut, Infusionsflüssigkeit), Verschmutzung und Haftigkeit.	Unsterile Handschuhe dienen dem Eigenschutz. Bei Verschmutzung oder schlechter Haftigkeit des Verbands wird dieser gewechselt.	☐ richtig ☐ falsch ☐ nicht ausgeführt
Umgebung der Einstichstelle beobachten und palpieren	Beobachten Sie die Umgebung der Einstichstelle auf folgende Kriterien: – Tumor (Schwellung) – Dolor (Schmerzen) – Rubor (Rötung) – Calor (Überwärmung) – *Functio laesa* (Funktionseinschränkung)	Bei positiven Entzündungszeichen werden Verband und PVK unter Wahrung der Hygienerichtlinien entfernt.	☐ richtig ☐ falsch ☐ nicht ausgeführt
Patientin/Patienten informieren	Informieren Sie die Patientin/den Patienten über die Ergebnisse Ihrer Beobachtungen und über das weitere Vorgehen.		☐ richtig ☐ falsch ☐ nicht ausgeführt
Nachbereitung			
Hände desinfizieren 	Führen Sie ggf. nach dem Ausziehen der Handschuhe eine korrekte Händedesinfektion durch.	Eine Übertragung und Verbreitung von Mikroorganismen wird verhindert.	☐ richtig ☐ falsch ☐ nicht ausgeführt
Pflegeintervention abschliessen	Versichern Sie sich, dass die Patientin/der Patient Ihre Anweisungen verstanden hat. Fragen Sie nach, ob sie/er zufrieden ist, und klären Sie, ob noch weitere Fragen oder Unsicherheiten bestehen. Stellen Sie sicher, dass die Patientin/der Patient bequem liegt, und stellen Sie das Bett wieder in die Ausgangsposition zurück.		☐ richtig ☐ falsch ☐ nicht ausgeführt

HANDLUNGSSCHRITT	BESCHREIBUNG	BEGRÜNDUNG	BEOBACHTUNGEN
Nachbereitung			
Hände desinfizieren 	Führen Sie nach Abschluss der Pflegeintervention eine korrekte Händedesinfektion durch.	Eine Übertragung und Verbreitung von Mikroorganismen wird verhindert.	☐ richtig ☐ falsch ☐ nicht ausgeführt
Präsenzlicht ausschalten	Versichern Sie sich, dass die Glocke für die Patientin/den Patienten in Griffnähe ist und schalten Sie das Präsenzlicht aus.	Falls Hilfe benötigt wird, kann die Patientin/der Patient eine Pflegefachperson rufen. Mit dem Ausschalten des Präsenzlichts wird ein Fehlalarm vermieden.	☐ richtig ☐ falsch ☐ nicht ausgeführt
Hände desinfizieren 	Führen Sie nach Abschluss der Handlung eine korrekte Händedesinfektion durch.	Eine Übertragung und Verbreitung von Mikroorganismen wird verhindert.	☐ richtig ☐ falsch ☐ nicht ausgeführt
Beobachtungen dokumentieren	Halten Sie Ihre Beobachtungen in der Pflegedokumentation fest.	Die Pflegekontinuität wird sichergestellt.	☐ richtig ☐ falsch ☐ nicht ausgeführt

Notizen

3.3 Verbandswechsel bei einer peripheren Verweilkanüle

Arbeitsauftrag

Training

Führen Sie den Handlungsablauf *Verbandswechsel bei einer peripheren Verweilkanüle* durch.

Auftrag

1. Schauen Sie sich im eLehrmittel den Film «Verbinden einer Venenverweilkanüle» an.
2. Organisieren Sie sich in der Gruppe und weisen Sie folgende Rollen zu:
   - 1 Pflegefachperson
   - 1 Patientin/Patient
   - 1 Beobachterin/Beobachter
3. Führen Sie das Training gemäss Handlungsablauf durch.
4. Dokumentieren Sie Ihre Beobachtungen.
5. Reflektieren Sie die Simulation und geben Sie Feedback anhand folgender Fragen:

   Pflegefachperson
   - Was ist mir gelungen? Wo fühlte ich mich sicher?
   - Wo traten Schwierigkeiten oder Unsicherheiten auf?
   - Welche Erkenntnisse ziehe ich daraus?

   Patientin/Patient
   - Wie wurde ich in die Handlung einbezogen?
   - Wurde ich kompetent informiert?
   - Wie habe ich die Pflegefachperson erlebt?
   - Wurde meine Intimsphäre geschützt?
   - Wurden meine Fragen zufriedenstellend beantwortet?

   Beobachterin/Beobachter
   - Wurde das Material vollständig und korrekt vorbereitet?
   - War das Vorgehen gemäss dem Handlungsablauf korrekt?
   - Wurden die Prinzipien der Asepsis und Antisepsis eingehalten?
   - Hatte die Patientin/der Patient Gelegenheit, Fragen zu stellen oder Unsicherheiten zu äussern?
   - Wurde die Patientin/der Patient laufend informiert?
6. Wechseln Sie die Rollen, bis jede Person alle Rollen eingenommen hat.

Sozialform

Gruppenarbeit

Zeit

60 Minuten

Handlungsablauf

HANDLUNGSSCHRITT	BESCHREIBUNG	BEGRÜNDUNG	BEOBACHTUNGEN
Vorbereitung			
Pflegedokumentation prüfen	Informieren Sie sich über die Befindlichkeit der Patientin/des Patienten: Lage, Liegezeit der Verweilkanüle. Klären Sie an der Visite ab, ob und wie lange die Verweilkanüle benötigt wird.	Die Indikation für eine Venenverweilkanüle muss täglich überprüft werden.	☐ richtig ☐ falsch ☐ nicht ausgeführt
Arbeitsfläche vorbereiten	Ziehen Sie ggf., je nach Herstellerangaben des Flächendesinfektionsmittels, zu Ihrem Schutz Einmalhandschuhe an und desinfizieren Sie die Arbeitsfläche (Rollwagen/Tablett für Transport) mit einer Wischdesinfektion. Beachten Sie die Einwirkungszeit des Flächendesinfektionsmittels und warten Sie, bis die Arbeitsfläche trocken ist.	Das Flächendesinfektionsmittel kann kanzerogen wirken oder Hautschädigungen verursachen. Die Desinfektion der Arbeitsfläche bewirkt eine Reduktion der Keime.	☐ richtig ☐ falsch ☐ nicht ausgeführt
Hände desinfizieren 	Führen Sie nach dem Ausziehen der Handschuhe und vor dem aseptischen Arbeiten mit sterilem Material eine korrekte Händedesinfektion durch.	Eine Übertragung und Verbreitung von Mikroorganismen wird verhindert.	☐ richtig ☐ falsch ☐ nicht ausgeführt
Material vorbereiten	Informieren Sie sich, welches Material in Ihrer Institution verwendet wird. Legen Sie das Material auf der desinfizierten Arbeitsfläche bereit: – Hände-, Flächen- und Hautdesinfektionsmittel – sterile 0,9%-NaCl-Lösung – unsterile Handschuhe – Verweilkanülenpflaster – sterile Tupfer – sterile Pinzette oder sterile Watteträger – Pflaster zur Fixierung des Infusionsschlauches – Unterlage zum Schutz der Patientin/des Patienten und des Bettes – Abfallsack		☐ richtig ☐ falsch ☐ nicht ausgeführt

HANDLUNGSSCHRITT	BESCHREIBUNG	BEGRÜNDUNG	BEOBACHTUNGEN
Vorbereitung			
	Kontrollieren Sie das sterile Material auf Verfalldatum und Unversehrtheit der Verpackung. Unterteilen Sie die Arbeitsfläche in einen Bereich mit sterilem und einen mit unsterilem Material.	Sterilität stellt Sicherheit für die Patientin/den Patienten dar. Ein zügiges Arbeiten und Erreichen der Materialien ist gewährleistet.	
Präsenzlicht einschalten	Schalten Sie das Präsenzlicht ein.	Das Präsenzlicht markiert im Flur die Anwesenheit einer Pflegefachperson im Zimmer der Patientin/des Patienten. Sie haben so die Möglichkeit, bei einem Notfall Alarm auszulösen.	☐ richtig ☐ falsch ☐ nicht ausgeführt
Arbeitsplatz einrichten	Schliessen Sie je nach Bedarf alle Fenster und Türen. Schicken Sie je nach Ermessen Besucherinnen/Besucher aus dem Zimmer und/oder installieren Sie einen Sichtschutz.	Zugluft wird vermieden. Die Privatsphäre der Patientin/des Patienten wird gewahrt.	☐ richtig ☐ falsch ☐ nicht ausgeführt
Hände desinfizieren 	Führen Sie vor dem Kontakt mit der Patientin/dem Patienten eine korrekte Händedesinfektion durch.	Eine Übertragung und Verbreitung von Mikroorganismen wird verhindert.	☐ richtig ☐ falsch ☐ nicht ausgeführt
Patientin/Patienten vorbereiten	Begrüssen Sie die Patientin/den Patienten und stellen Sie sich, falls noch nicht geschehen, mit Namen und Funktion vor. Fragen Sie die Patientin/den Patienten nach ihrem/seinem Befinden. Erklären Sie den Anlass und die Dauer der bevorstehenden Pflegehandlung. Holen Sie das Einverständnis der Patientin/des Patienten ein. Fragen Sie nach Wünschen.	Bei Übelkeit, Schmerzen, Unwohlsein sollte der Ablauf angepasst oder entsprechend vorbereitet werden. Die Patientin/Der Patient weiss stets, welche Massnahmen an ihr/ihm vorgesehen sind. Eine korrekte und verständliche Information fördert die Akzeptanz und das Vertrauen der Patientin/des Patienten. Sie/Er fühlt sich respektiert.	☐ richtig ☐ falsch ☐ nicht ausgeführt

HANDLUNGSSCHRITT	BESCHREIBUNG	BEGRÜNDUNG	BEOBACHTUNGEN
Vorbereitung			
Rückenschonend arbeiten	Stellen Sie das Bett in eine rückenschonende Position. Sorgen Sie für ausreichende Beleuchtung.	Rückenschäden werden vermieden. Effiziente Arbeitsbedingungen werden geschaffen.	☐ richtig ☐ falsch ☐ nicht ausgeführt
Arbeitsfläche vorbereiten	Bereiten Sie ggf. die Arbeitsfläche gemäss bereits beschriebenem Vorgehen vor.	Wurde das Material auf einem Tablett gerichtet, wird es nun gemäss Hygienerichtlinien auf einer grösseren Fläche, wie z. B. einem Patiententisch oder Beistelltisch, ausgebreitet.	☐ richtig ☐ falsch ☐ nicht ausgeführt
Durchführung			
Für Ruhe sorgen	Informieren Sie die Patientin/den Patienten, dass Sie während der invasiven Tätigkeit nicht sprechen werden. Informieren Sie die Zimmernachbarn, dass Sie für einige Minuten beschäftigt sind.	Die Hygiene ist gewährleistet.	☐ richtig ☐ falsch ☐ nicht ausgeführt
Arm lagern	Lagern Sie den Arm so, dass die Zugänglichkeit für den Verbandswechsel gut gewährleistet ist. Legen Sie eine Unterlage unter den Arm, damit eine Verschmutzung des Bettes verhindert wird.		☐ richtig ☐ falsch ☐ nicht ausgeführt
Hände desinfizieren 	Führen Sie vor dem Arbeiten mit sterilem Material eine korrekte Händedesinfektion durch.	Eine Übertragung und Verbreitung von Mikroorganismen wird verhindert.	☐ richtig ☐ falsch ☐ nicht ausgeführt
Material vorbereiten	Öffnen Sie die Verpackungen des Materials mittels No-Touch-Technik. Befeuchten Sie den Tupfer oder den Watteträger mit Hautdesinfektionslösung oder steriler Kochsalzlösung.	Der Arbeitsfluss beim Verbandswechsel soll nicht unterbrochen werden.	☐ richtig ☐ falsch ☐ nicht ausgeführt

HANDLUNGSSCHRITT	BESCHREIBUNG	BEGRÜNDUNG	BEOBACHTUNGEN
Durchführung			
Verweilkanülenpflaster entfernen 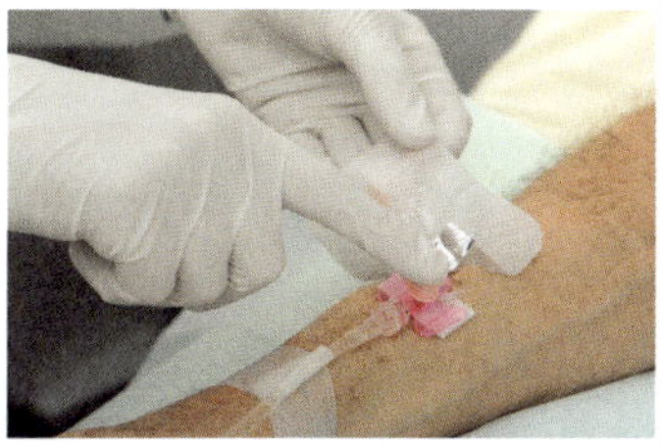	Ziehen Sie unsterile Handschuhe an. Fixieren Sie den Infusionsschlauch nahe der PVK mit einem Pflasterstreifen und sichern Sie die PVK zusätzlich mit einem Finger an der Zuspritzpforte. Lösen Sie vorsichtig den Verband ab.	Die PVK rutscht bei unvorsichtigem Lösen des Verbands leicht aus der Vene. Zudem kann das Ablösen des Verbands aufgrund des Klebens an Haaren Schmerzen verursachen.	☐ richtig ☐ falsch ☐ nicht ausgeführt
Einstichstelle beobachten	Beobachten Sie visuell die Einstichstelle und die Lage der PVK.	Ist die PVK herausgerutscht, darf sie wegen Infektionsgefahr nicht wieder vorgeschoben werden.	☐ richtig ☐ falsch ☐ nicht ausgeführt
Einstichstelle und Umgebung desinfizieren	Reinigen oder desinfizieren Sie die Einstichstelle und die Umgebung mit dem vorbereiteten sterilen Tupfer oder Watteträger.	Nosokomiale Infektionen werden durch hygienisches Arbeiten verhindert.	☐ richtig ☐ falsch ☐ nicht ausgeführt
Verweilkanülenpflaster anbringen 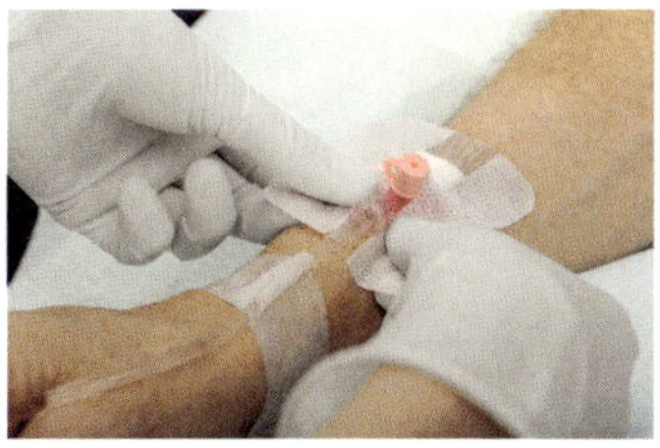	Decken Sie mit einem sterilen Verweilkanülenpflaster die Einstichstelle wieder steril ab. Fixieren Sie die PVK-Fixierungsplatten («Flügel») mit sterilen Klebestreifen, ohne die Einstichstelle zu berühren. Fixieren Sie den Infusionsschlauch so, dass ein Verrutschen verhindert wird. Beachten Sie die Hinweise des Herstellers.	Ein Verrutschen wird verhindert. Die Gefahr einer gefässassoziierten Infektion wird vermindert.	☐ richtig ☐ falsch ☐ nicht ausgeführt
Hände desinfizieren 	Führen Sie nach dem Ausziehen der Handschuhe und nach Tätigkeiten mit potenziell infektiösem Material eine korrekte Händedesinfektion durch.	Eine Übertragung und Verbreitung von Mikroorganismen wird verhindert.	☐ richtig ☐ falsch ☐ nicht ausgeführt

HANDLUNGSSCHRITT	BESCHREIBUNG	BEGRÜNDUNG	BEOBACHTUNGEN
Nachbereitung			
Fliessgeschwindigkeit der Infusion kontrollieren	Überprüfen Sie die Fliessgeschwindigkeit der Infusion und korrigieren Sie sie gegebenenfalls.	Durch die Manipulation an der PVK kann auch eine minimale Lageveränderung zu einer Veränderung der Fliessgeschwindigkeit führen.	☐ richtig ☐ falsch ☐ nicht ausgeführt
Patientin/Patienten informieren	Informieren Sie die Patientin/den Patienten über die Ergebnisse Ihrer Beobachtungen und über das weitere Vorgehen.		☐ richtig ☐ falsch ☐ nicht ausgeführt
Pflegeintervention abschliessen	Versichern Sie sich, dass die Patientin/der Patient Ihre Anweisungen verstanden hat. Fragen Sie nach, ob sie/er zufrieden ist, und klären Sie, ob Fragen oder Unsicherheiten bestehen. Stellen Sie sicher, dass die Patientin/der Patient bequem liegt, und stellen Sie das Bett wieder in die Ausgangsposition zurück.		☐ richtig ☐ falsch ☐ nicht ausgeführt
Hände desinfizieren 	Führen Sie nach Abschluss der Pflegeintervention eine korrekte Händedesinfektion durch.	Eine Übertragung und Verbreitung von Mikroorganismen wird verhindert.	☐ richtig ☐ falsch ☐ nicht ausgeführt
Präsenzlicht ausschalten	Versichern Sie sich, dass die Glocke für die Patientin/den Patienten in Griffnähe ist, und schalten Sie das Präsenzlicht aus.	Falls Hilfe benötigt wird, kann die Patientin/der Patient eine Pflegefachperson rufen. Mit dem Ausschalten des Präsenzlichts wird ein Fehlalarm vermieden.	☐ richtig ☐ falsch ☐ nicht ausgeführt
Material nachbereiten	Entsorgen Sie das Einwegmaterial im Abfallbehälter und führen Sie nach hausinternen Richtlinien eine korrekte Reinigung von Arbeitsfläche, Mehrwegmaterialien und Instrumente durch.		☐ richtig ☐ falsch ☐ nicht ausgeführt

HANDLUNGSSCHRITT	BESCHREIBUNG	BEGRÜNDUNG	BEOBACHTUNGEN
Nachbereitung			
Hände desinfizieren 	Führen Sie nach Abschluss der Handlung eine korrekte Händedesinfektion durch.	Eine Übertragung und Verbreitung von Mikroorganismen wird verhindert.	☐ richtig ☐ falsch ☐ nicht ausgeführt
Beobachtungen und Pflegeintervention dokumentieren	Halten Sie die Pflegeintervention und Ihre Beobachtungen in der Pflegedokumentation fest.	Die Pflegekontinuität wird sichergestellt.	☐ richtig ☐ falsch ☐ nicht ausgeführt

Notizen

3.4 Entfernen einer peripheren Verweilkanüle

Arbeitsauftrag

Training

Führen Sie den Handlungsablauf *Entfernen einer peripheren Verweilkanüle* durch.

Auftrag

1. Schauen Sie sich im eLehrmittel den Film «Entfernen einer Venenverweilkanüle» an.
2. Organisieren Sie sich in der Gruppe und weisen Sie folgende Rollen zu:
   - 1 Pflegefachperson
   - 1 Patientin/Patient
   - 1 Beobachterin/Beobachter
3. Führen Sie das Training gemäss Handlungsablauf durch.
4. Dokumentieren Sie Ihre Beobachtungen.
5. Reflektieren Sie die Simulation und geben Sie Feedback anhand folgender Fragen:

   Pflegefachperson
   - Was ist mir gelungen? Wo fühlte ich mich sicher?
   - Wo traten Schwierigkeiten oder Unsicherheiten auf?
   - Welche Erkenntnisse ziehe ich daraus?

   Patientin/Patient
   - Wie wurde ich in die Handlung einbezogen?
   - Wie wurde ich informiert?
   - Wie habe ich die Pflegefachperson erlebt?
   - Wurde meine Intimsphäre geschützt?
   - Wurden meine Fragen zufriedenstellend beantwortet?

   Beobachterin/Beobachter
   - Wurde das Material vollständig und korrekt vorbereitet?
   - War das Vorgehen gemäss dem Handlungsablauf korrekt?
   - Wurden die Prinzipien der Asepsis und Antisepsis eingehalten?
   - Hatte die Patientin/der Patient Gelegenheit, Fragen zu stellen oder Unsicherheiten zu äussern?
   - Wurde die Patientin/der Patient laufend informiert?
6. Wechseln Sie die Rollen, bis jede Person alle Rollen eingenommen hat.

Sozialform

Gruppenarbeit

Zeit

60 Minuten

Handlungsablauf

HANDLUNGSSCHRITT	BESCHREIBUNG	BEGRÜNDUNG	BEOBACHTUNGEN
Vorbereitung			
Pflegedokumentation prüfen	Informieren Sie sich über die Befindlichkeit der Patientin/des Patienten, über spezifische Verordnungen, wie Katheterspitze einsenden, über gerinnungshemmende Medikamente, die die Patientin/der Patient einnehmen muss.	Sie verhindern, dass notwendige Materialien fehlen, setzen Ressourcen optimal ein und vermeiden Komplikationen.	☐ richtig ☐ falsch ☐ nicht ausgeführt
Arbeitsfläche vorbereiten	Ziehen Sie ggf., je nach Herstellerangaben des Flächendesinfektionsmittels, zu Ihrem Schutz Einmalhandschuhe an und desinfizieren Sie die Arbeitsfläche (Rollwagen/Tablett für Transport) mit einer Wischdesinfektion. Beachten Sie die Einwirkungszeit des Flächendesinfektionsmittels und warten Sie, bis die Arbeitsfläche trocken ist.	Das Flächendesinfektionsmittel kann kanzerogen wirken oder Hautschädigungen verursachen. Die Desinfektion der Arbeitsfläche bewirkt eine Reduktion der Keime.	☐ richtig ☐ falsch ☐ nicht ausgeführt
Hände desinfizieren 	Führen Sie nach dem Ausziehen der Handschuhe und vor dem aseptischen Arbeiten mit sterilem Material eine korrekte Händedesinfektion durch.	Eine Übertragung und Verbreitung von Mikroorganismen wird verhindert.	☐ richtig ☐ falsch ☐ nicht ausgeführt
Material vorbereiten	Informieren Sie sich, welches Material in Ihrer Institution verwendet wird. Legen Sie das Material auf der desinfizierten Arbeitsfläche bereit: – Händedesinfektionsmittel – unsterile Handschuhe – sterile Tupfer – hautfreundliches Pflaster – bei Bedarf Druckverband – medizinisches Benzin – Unterlage zum Schutz der Patientin/des Patienten und des Bettes – Abfallsack	Der Druckverband wird bei starken Nachblutungen angelegt.	☐ richtig ☐ falsch ☐ nicht ausgeführt

HANDLUNGSSCHRITT	BESCHREIBUNG	BEGRÜNDUNG	BEOBACHTUNGEN
Vorbereitung			
	Kontrollieren Sie das sterile Material auf Verfalldatum und Unversehrtheit der Verpackung. Unterteilen Sie die Arbeitsfläche in einen Bereich mit sterilem und einen mit unsterilem Material.	Sterilität stellt Sicherheit für die Patientin/den Patienten dar. Ein zügiges Arbeiten und Erreichen der Materialien ist gewährleistet.	
Präsenzlicht einschalten	Schalten Sie das Präsenzlicht ein.	Das Präsenzlicht markiert im Flur die Anwesenheit einer Pflegefachperson im Zimmer der Patientin/des Patienten. Sie haben so die Möglichkeit, bei einem Notfall Alarm auszulösen.	☐ richtig ☐ falsch ☐ nicht ausgeführt
Arbeitsplatz einrichten	Schliessen Sie je nach Bedarf alle Fenster und Türen. Schicken Sie je nach Ermessen Besucherinnen/Besucher aus dem Zimmer und/oder installieren Sie einen Sichtschutz.	Zugluft wird vermieden. Die Privatsphäre der Patientin/des Patienten wird gewahrt.	☐ richtig ☐ falsch ☐ nicht ausgeführt
Hände desinfizieren 	Führen Sie vor dem Kontakt mit der Patientin/dem Patienten eine korrekte Händedesinfektion durch.	Eine Übertragung und Verbreitung von Mikroorganismen wird verhindert.	☐ richtig ☐ falsch ☐ nicht ausgeführt
Patientin/Patienten vorbereiten	Begrüssen Sie die Patientin/den Patienten und stellen Sie sich, falls noch nicht geschehen, mit Namen und Funktion vor. Fragen Sie die Patientin/den Patienten nach ihrem/seinem Befinden. Erklären Sie den Anlass und die Dauer der bevorstehenden Pflegehandlung. Holen Sie das Einverständnis der Patientin/des Patienten ein. Fragen Sie nach Wünschen.	Bei Übelkeit, Schmerzen, Unwohlsein sollte der Ablauf angepasst oder entsprechend vorbereitet werden. Die Patientin/Der Patient weiss stets, welche Massnahmen an ihr/ihm vorgesehen sind. Eine korrekte und verständliche Information fördert die Akzeptanz und das Vertrauen der Patientin/des Patienten. Sie/Er fühlt sich respektiert.	☐ richtig ☐ falsch ☐ nicht ausgeführt
Rückenschonend arbeiten	Stellen Sie das Bett in eine rückenschonende Position. Sorgen Sie für ausreichende Beleuchtung.	Rückenschäden werden vermieden. Effiziente Arbeitsbedingungen werden geschaffen.	☐ richtig ☐ falsch ☐ nicht ausgeführt

HANDLUNGSSCHRITT	BESCHREIBUNG	BEGRÜNDUNG	BEOBACHTUNGEN
Vorbereitung			
Arbeitsfläche vorbereiten	Bereiten Sie ggf. die Arbeitsfläche gemäss bereits beschriebenem Vorgehen vor.	Wurde das Material auf einem Tablett gerichtet, wird es nun gemäss Hygienerichtlinien auf einer grösseren Fläche, wie z. B. einem Patiententisch oder Beistelltisch, ausgebreitet.	☐ richtig ☐ falsch ☐ nicht ausgeführt
Durchführung			
Hände desinfizieren 	Führen Sie vor dem aseptischen Arbeiten mit sterilem Material eine korrekte Händedesinfektion durch.	Eine Übertragung und Verbreitung von Mikroorganismen wird verhindert.	☐ richtig ☐ falsch ☐ nicht ausgeführt
Material vorbereiten	Bereiten Sie folgendes Material vor: Öffnen Sie den sterilen Tupfer und legen Sie Pflasterstreifen und unsterile Handschuhe bereit.	Effiziente Arbeitsbedingungen werden geschaffen.	☐ richtig ☐ falsch ☐ nicht ausgeführt
Extremität lagern 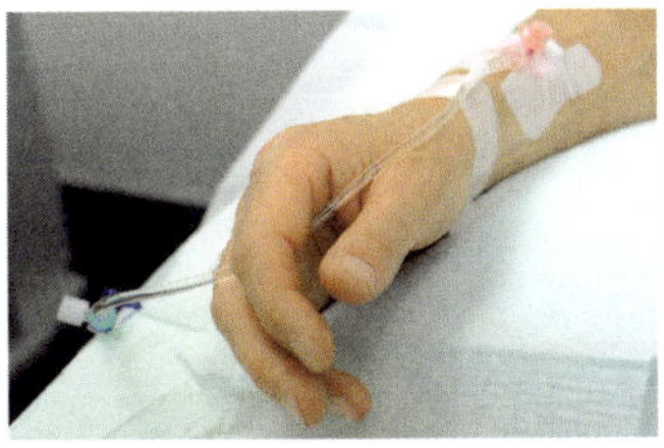	Legen Sie das Lagerungsmaterial und die Schutzunterlage unter den Arm mit der PVK.		☐ richtig ☐ falsch ☐ nicht ausgeführt
Infusion und Besteck vorbereiten 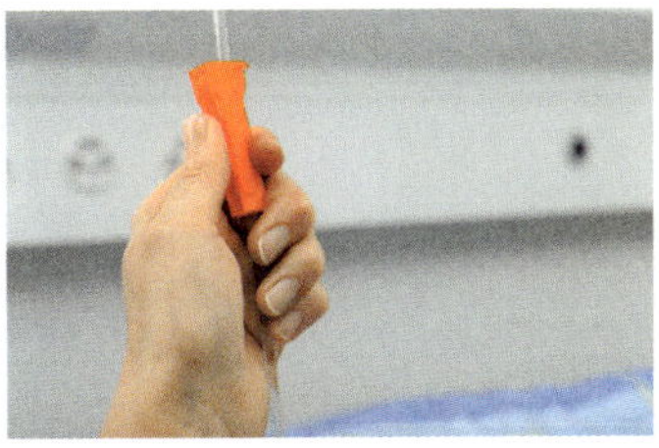	Schliessen Sie das Infusionsbesteck an der Rollklemme. Schliessen Sie den Dreiwegehahn zur Infusion und trennen Sie das Infusionsbesteck vom Dreiwegehahn.	Das Herauslaufen restlicher Infusionsflüssigkeit wird so verhindert.	☐ richtig ☐ falsch ☐ nicht ausgeführt

HANDLUNGSSCHRITT	BESCHREIBUNG	BEGRÜNDUNG	BEOBACHTUNGEN
Durchführung			
Pflaster und Verweilkanülenverband lösen 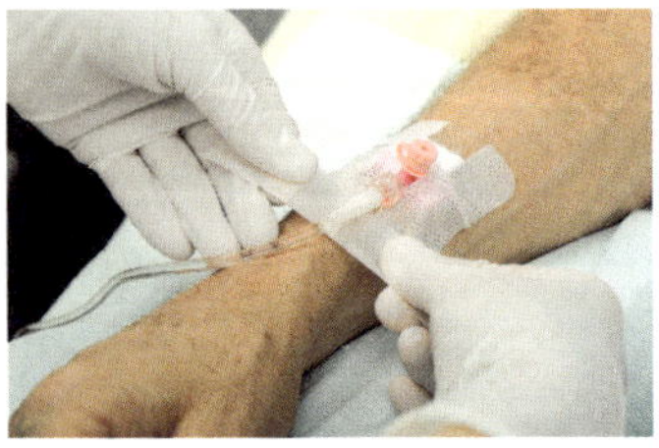	Ziehen Sie die unsterilen Handschuhe an. Lösen Sie zuerst das Pflaster an der Infusionsschlaufe. Nun lösen Sie vorsichtig den Verweilkanülenverband und entsorgen den Verband im Abfallsack. Fixieren Sie dabei stets die PVK an der Zuspritzpforte mit einem Finger. Achten Sie auf Äusserungen und Mimik der Patientin/des Patienten.	Die Kanüle soll ohne Verrutschen freigelegt werden. Schmerzen durch Manipulation der PVK, Herausreissen von Haaren oder das Verletzen des umliegenden Gewebes werden vermieden.	☐ richtig ☐ falsch ☐ nicht ausgeführt
Einstichstelle beobachten	Beobachten Sie die Einstichstelle auf mögliche Entzündungszeichen.	Komplikationen werden erfasst.	☐ richtig ☐ falsch ☐ nicht ausgeführt
Verweilkanüle entfernen 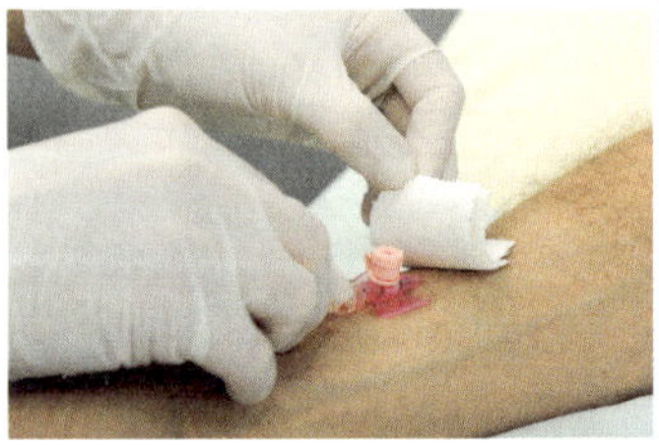	Legen Sie einen trockenen sterilen Tupfer auf die Einstichstelle, üben Sie dabei noch keinen Druck aus.	Damit vermeiden Sie Schmerzen bei der Patientin/dem Patienten.	☐ richtig ☐ falsch ☐ nicht ausgeführt
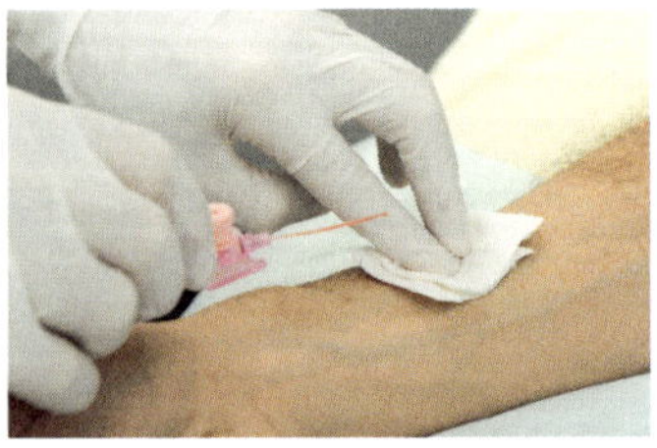	Ziehen Sie die Kanüle in einer fliessenden Bewegung in Längsrichtung zur Vene heraus.		
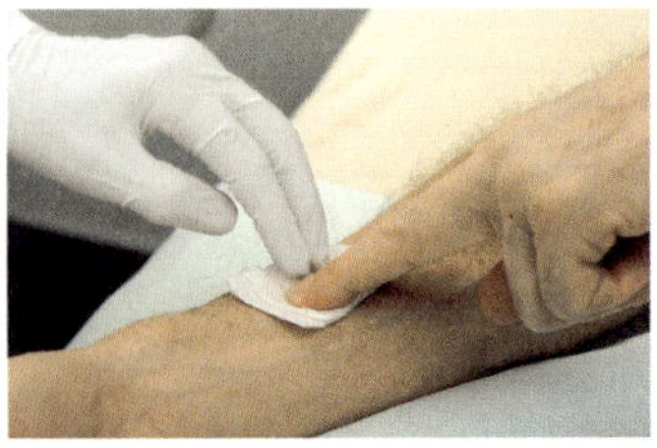	Ist die Kanüle entfernt, drücken Sie zeitgleich so lange auf die Einstichstelle, bis keine Nachblutung mehr zu sehen ist.	Damit werden Nachblutungen und Hämatombildung verhindert.	
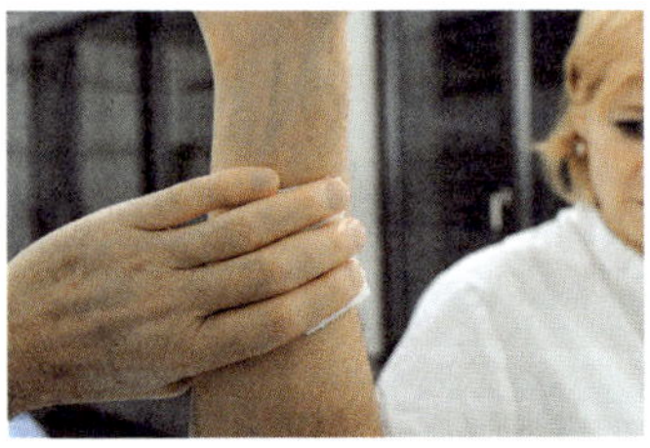	Bitten Sie die Patientin/den Patienten, mit dem Tupfer weiterhin Druck auf die Einstichstelle zu geben und den Arm hochzulagern, damit ein erneutes Nachbluten verhindert wird.		

HANDLUNGSSCHRITT	BESCHREIBUNG	BEGRÜNDUNG	BEOBACHTUNGEN
Durchführung			
Material entsorgen	Entsorgen Sie die Kanüle im Abfallsack. Stecken Sie den Dorn des Infusionsbestecks von oben her in den dafür vorgesehenen Einsteckschaft am Durchflussregler und entsorgen Sie die leere Infusion mit dem Besteck im Abfallsack (Ausnahme Glasflaschen und kontaminiertes Material).	Durch die fachgerechte Entsorgung wird eine Eigenverletzung durch den Dorn des Infusionsbestecks vermieden. Glasflaschen oder kontaminiertes Material werden nach hausinternen hygienischen Richtlinien entsorgt.	☐ richtig ☐ falsch ☐ nicht ausgeführt
Einstichstelle kontrollieren	Entfernen Sie den Tupfer auf der Einstichstelle und kontrollieren Sie die Einstichstelle auf Nachblutung.	Die Gefahr einer Nachblutung ist durch die Grösse des Lumens im Gefäss gegeben, der Verschluss des Gefässes dauert entsprechend lange. Vorsicht ist geboten bei Antikoagulation und/oder Heparinisierung der Patientin/des Patienten. Im Falle eines Druckverbands muss eine weitere Kontrolle nach 15 Minuten durchgeführt werden.	☐ richtig ☐ falsch ☐ nicht ausgeführt
Einstichstelle versorgen 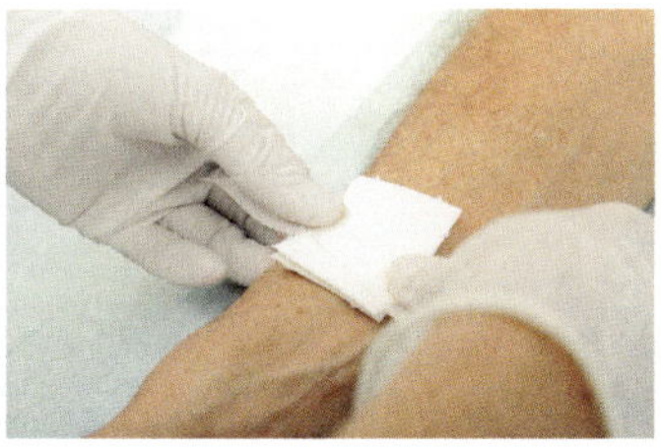	Decken Sie die Einstichstelle mit einem sterilen Tupfer ab und fixieren Sie ihn mit einem Pflaster. Ziehen Sie die unsterilen Handschuhe aus und entsorgen Sie sie im Abfallbehälter.	Eine Infektion der Einstichstelle und die Verschmutzung der Kleidung durch eine mögliche Nachblutung werden vermieden.	☐ richtig ☐ falsch ☐ nicht ausgeführt
Nachbereitung			
Hände desinfizieren 	Führen Sie nach dem Ausziehen der Handschuhe und nach Tätigkeiten mit potenziell infektiösem Material eine korrekte Händedesinfektion durch.	Eine Übertragung und Verbreitung von Mikroorganismen wird verhindert.	☐ richtig ☐ falsch ☐ nicht ausgeführt

HANDLUNGSSCHRITT	BESCHREIBUNG	BEGRÜNDUNG	BEOBACHTUNGEN
Nachbereitung			
Pflegeintervention abschliessen	Versichern Sie sich, dass die Patientin/der Patient Ihre Anweisungen verstanden hat. Fragen Sie nach, ob sie/er zufrieden ist, und klären Sie, ob noch weitere Fragen oder Unsicherheiten bestehen. Stellen Sie sicher, dass die Patientin/der Patient bequem liegt, und stellen Sie das Bett wieder in die Ausgangsposition zurück.		☐ richtig ☐ falsch ☐ nicht ausgeführt
Hände desinfizieren 	Führen Sie nach Abschluss der Pflegeintervention eine korrekte Händedesinfektion durch.	Eine Übertragung und Verbreitung von Mikroorganismen wird verhindert.	☐ richtig ☐ falsch ☐ nicht ausgeführt
Präsenzlicht ausschalten	Versichern Sie sich, dass die Glocke für die Patientin/den Patienten in Griffnähe ist, und schalten Sie das Präsenzlicht aus.	Falls Hilfe benötigt wird, kann die Patientin/der Patient eine Pflegefachperson rufen. Mit dem Ausschalten des Präsenzlichts wird ein Fehlalarm vermieden.	☐ richtig ☐ falsch ☐ nicht ausgeführt
Material nachbereiten	Entsorgen Sie das Einwegmaterial im Abfallbehälter und führen Sie eine korrekte Reinigung der Arbeitsfläche durch.		☐ richtig ☐ falsch ☐ nicht ausgeführt
Hände desinfizieren 	Führen Sie nach Abschluss der Handlung eine korrekte Händedesinfektion durch.	Eine Übertragung und Verbreitung von Mikroorganismen wird verhindert.	☐ richtig ☐ falsch ☐ nicht ausgeführt
Beobachtungen und Pflegeintervention dokumentieren	Halten Sie Datum und Uhrzeit des Entfernens der Verweilkanüle, Aussehen des Verbands und der Einstichstelle und die Befindlichkeit der Patientin/des Patienten in der Pflegedokumentation fest.	Die Pflegekontinuität wird sichergestellt.	☐ richtig ☐ falsch ☐ nicht ausgeführt

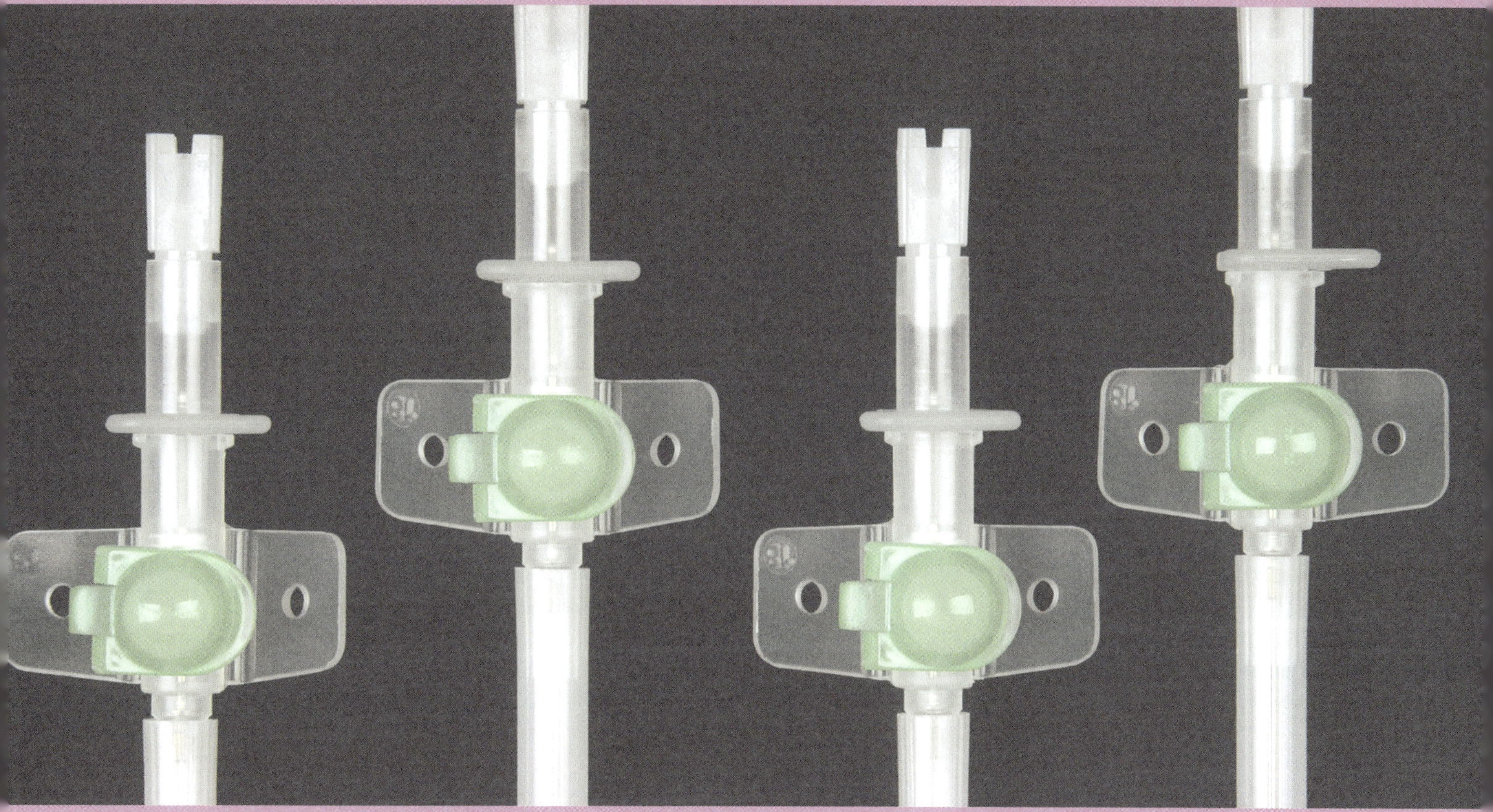

4 Vertiefungs- und Transferaufgaben

4.1 Vertiefungsaufgaben

Entzündliche Einstichstelle

Lernziele

Die Studierende/Der Studierende …

… kennt Beobachtungskriterien für die Einstichstelle bei liegender PVK.

… kann Äusserungen zur Befindlichkeit der Patientin/des Patienten bezüglich der Einstichstelle einschätzen und überprüfen.

… fordert bei Bedarf Hilfe an.

Fallbeispiel

Frau Buchli wird von Ihnen über die bevorstehende Intervention, dass ihr nun ein Antibiotikum verabreicht werden soll, aufgeklärt. Sie erwähnt im Gespräch, dass sie seit gestern Abend am Ort der Verweilkanüle Schmerzen verspürt. Zudem habe sie das Gefühl, das Hautareal um den Verband herum fühle sich heiss an. Am Morgen habe sie mit dem linken Arm gefrühstückt, obwohl sie sich dabei vollgekleckert habe. Den rechten Arm zu bewegen war ihr zu unangenehm und in Ruhe würde sie weniger Schmerzen verspüren.

Auftrag

1. Zeichnen Sie das Aussehen einer entzündeten Einstichstelle.
2. Welche Zeichen definieren eine bestehende Entzündung?
3. Wie schwerwiegend schätzen Sie die Situation für Frau Buchli ein?
4. Ist es wirklich nötig, eine neue PVK zu legen? Unter welchen Umständen würden Sie diese Intervention vorschlagen? Nehmen Sie kritisch Stellung.

Medien

Kommission für Krankenhaushygiene und Infektionsprävention (KRINKO) (2017)

Pflaster entfernen

Lernziele

Die Studierende/Der Studierende …

… macht eigene Erfahrungen mit dem Entfernen verschiedener Pflaster und benennt Möglichkeiten, die Schmerzen verringern können.

… lernt ein gängiges Lokalanästhetikum kennen und beschreibt seine Wirkung, Nebenwirkungen und die korrekte Anwendung.

Fallbeispiel

Das Antibiotikum wurde verabreicht. Leider wurden die Äusserungen von Frau Buchli nicht ernst genug genommen. Die Infusionsflüssigkeit lief nicht wie erwartet ins Gefässsystem, sondern ins umliegende Gewebe und führte somit zu einer ödematösen Schwellung. Frau Buchli bewegt ihren Arm nun gar nicht mehr. Die PVK soll schnellstmöglich entfernt werden.

Auftrag

1. Kleben Sie sich verschiedene Pflaster – vor allem die, die Sie auf der Abteilung zum Verbinden einer PVK benutzen – auf Ihre Haut (Arm). Entfernen Sie nun das Pflaster bei Ihrer Kollegin/Ihrem Kollegen und versuchen Sie, den Schmerz bestmöglich zu vermeiden. Halten Sie Ihre Erfahrungen schriftlich fest:
   - Welche objektiven und subjektiven Phänomene habe ich beim Entfernen der Pflaster an meiner Lernpartnerin/Lernpartner beobachten können? (Z.B.: Äusserungen der Lernpartnerin/des Lernpartners, Hautveränderungen)
   - Welche Art und Weise des Entfernens des Pflasters war für mich am angenehmsten?
2. An welche Problemstellungen denken Sie, wenn Sie die Schwellung des Arms von Frau Buchli berücksichtigen und dennoch das Pflaster entfernen müssen? Begründen Sie Ihre Überlegungen.
3. Frau Buchli soll aufgrund der bestehenden Antibiotikatherapie eine neue PVK gelegt werden. Wie können Sie bestmöglich dazu beitragen, dass die Infusionstherapie komplikationslos verläuft?
4. Frau Buchli hat gehört, dass man die Haut vor dem Legen einer PVK betäuben kann. Sie besteht darauf, dass ihr ein Lokalanästhetikum verabreicht wird. Wie reagieren Sie? Welche Möglichkeiten stehen Ihnen zur Verfügung? Informieren Sie sich bei Ihren Kolleginnen/Kollegen, wie Sie Fachinformationen erhalten können und wie Sie ein Lokalanästhetikum korrekt verwenden.

Medien

Menche (2019), S. 303

Schewior-Popp et al. (2017), S. 764–766, 779–780, 782–783, 1331

Bedeutung einer peripheren Verweilkanüle für Patientinnen/Patienten

Lernziele

Die Studierende/Der Studierende …

… setzt sich mit der Thematik des Erlebens der Patientin/des Patienten mit einer peripheren Verweilkanüle auseinander.

… benennt störende Faktoren und leitet Massnahmen ab, die den Umgang für die Patientin/den Patienten mit einer PVK erleichtern.

… eruiert die Ressourcen der Patientin/des Patienten und integriert sie in die Pflege.

Auftrag

Diskutieren Sie folgende Fragen:

- Wie wird die betroffene Person durch eine liegende PVK eingeschränkt? Nutzen Sie die Erfahrungen der Patientin/des Patienten und von Personen, die schon eine PVK hatten. Halten Sie die Informationen schriftlich fest.
- Finden Sie Möglichkeiten, wie Sie der Patientin/dem Patienten den Umgang mit einer PVK erleichtern können, und halten Sie diese fest.

Medikamentenzusätze und ihre Nebenwirkungen

Lernziele

Die Studierende/Der Studierende …

… weiss, welche Medikamente venentoxisch sind, und benennt mindestens zwei.

… erklärt anhand pathophysiologischer Grundlagen, wie sich die venentoxische Wirkung zeigt.

Auftrag

Beantworten Sie folgende Fragen schriftlich:

- Das Gesamtkalium im Serum ist zu niedrig. Benennen Sie die Richtwerte des Kaliums.
- Es werden einer Infusion 40 mmol Kaliumchlorid zugefügt. Womit rechnen Sie, was könnte passieren/welche Probleme könnten auftreten?
- Informieren Sie sich auf einer Abteilung, wie viel mmol KCl einer PVK-Infusion über 24 Stunden hinzugefügt werden dürfen.
- Welche anderen Infusionszusätze dürfen nicht via PVK gegeben werden? Begründen Sie Ihre Aussage.

Medien

Schewior-Popp et al. (2017), S. 760–764

Schmid et al. (2016), S. 232–235

Komplikationen bei einem peripheren intravenösen Zugang

Lernziel

Die Studierende/Der Studierende benennt mindestens vier Komplikationen, die bei einem peripheren intravenösen Zugang auftreten können.

Auftrag

Beantworten Sie die folgenden Fragestellungen anhand der angegebenen Literatur:

- Welche Komplikationen sind Ihnen beim Einlegen einer PVK bekannt?
- Welche Komplikationen können bei längerer Liegedauer (ca. 5 Tage) einer PVK auftreten?
- Weshalb kann beim Einlegen des Venenkatheters eine Embolie entstehen?
- Welche Massnahmen können diesbezüglich getroffen werden,
  1. um eine Komplikation zu verhindern?
  2. um die aufgetretene Komplikation zu behandeln?

Medien

Schewior-Popp et al. (2017), S. 781

Punktion bei schlechten Venenverhältnissen

Lernziel

Die Studierende/Der Studierende kann mindestens drei Möglichkeiten aufzeigen, um die Venen besser zu punktieren.

Auftrag

Beantworten Sie die folgenden Fragestellungen anhand der angegebenen Literatur:

- Überlegen Sie sich in Einzelarbeit, welche Massnahmen Sie ergreifen würden, wenn Sie schlechte Venenverhältnisse bei Frau Buchli vorfinden.
- Erinnern Sie sich an das Thema der venösen Blutentnahme und versuchen Sie, einen Transfer zu diesem Thema zu machen. Beschreiben Sie schriftlich die möglichen Massnahmen und besprechen Sie diese mit Ihrer Lernpartnerin/Ihrem Lernpartner.
- Überprüfen Sie erst in einem zweiten Schritt anhand der Fachliteratur, ob Sie alle möglichen Massnahmen ergriffen haben.

Medien

Schewior-Popp et al. (2017), S. 751–754

Fachkenntnisse zur peripheren Verweilkanüle

Lernziel

Die Studierende/Der Studierende vertieft seine Kenntnisse zu peripheren Verweilkanülen selbstständig.

Auftrag

Vertiefen Sie Ihre Kenntnisse anhand folgender Fragestellungen. Nehmen Sie zur Beantwortung unten stehende Literatur zu Hilfe.

- Die Haut um die Einstichstelle herum wird von alten Kleberesten gereinigt. Finden Sie eine Erklärung.
- Die periphere Verweilkanüle thrombosiert, wenn sie nicht durch eine Infusion offen gehalten wird. Ist das richtig?
- Blutrückstände im Infusionsbesteck bergen die Gefahr einer Infektion. Wie erklären Sie sich das?
- Eine Patientin/Ein Patient verweigert das Einlegen der peripheren Verweilkanüle. Die Stationsärztin hatte sie/ihn zehn Minuten zuvor aufgeklärt, wobei die Patientin/der Patient verständnisvoll genickt, sich jedoch nicht geäussert hat. Wie verhalten Sie sich? Suchen Sie die Diskussion mit Kolleginnen/Kollegen.
- Was erscheint Ihnen nach dem vorangegangenen Beispiel wichtig in der Kommunikation mit Patientinnen/Patienten, bevor Sie eine Pflegeintervention wie das Einlegen einer PVK ausführen?
- Befassen Sie sich mit den rechtlichen Grundlagen der Dokumentation. Wo liegen die Prioritäten beim Beurteilen und Dokumentieren der Einstichstelle?
- Die Patientin/Der Patient wünscht sich, dass die Freundin/der Freund dabei sein darf, um die Hand zu halten, da sie/er vor dem Legen der PVK grosse Angst hat. Wie würden Sie reagieren? Fragen Sie Kolleginnen/Kollegen, wie sie mit dieser Situation umgehen würden.
- Wie wird die «Angst vor Injektionen» fachsprachlich genannt?
- Welche Möglichkeiten haben Sie, auf die Angst der Patientin/des Patienten einzugehen?
- Die Patientin/Der Patient läutet. Sie kommen ins Zimmer und finden sie/ihn recht erschrocken vor. Sie/Er berichtet, ein Bläschen Luft sei über die Infusion in ihren/seinen Körper gelaufen. Beruhigen Sie die Patientin/den Patienten, indem Sie ihr/ihm pathophysiologische Zusammenhänge erklären und was mit diesem Bläschen im Körper geschieht.

Medien

Gerlach et al. (2015), S. 246–247
Menche (2019), S. 1300–1303, 1307–1308
Schewior-Popp et al. (2017), S. 730–732, 772

4.2 Transferaufgaben

Pflege und Betreuung von Menschen mit Langzeiterkrankungen

Lernziel

Die Studierende/Der Studierende kennt die spezifischen Interventionsmerkmale beim Legen einer peripheren Verweilkanüle unter erschwerten Bedingungen in der Betreuung von Menschen mit Langzeiterkrankungen.

Fallbeispiel

Herr Garcia ist 77 Jahre alt und lebt seit fünf Jahren in einem Alters- und Pflegezentrum. Ein Jahr nachdem seine Frau verstorben war, kam er alleine nicht mehr zurecht. Herr Garcia wurde mit der Diagnose «Globale Herzinsuffizienz» eingewiesen. Symptome wie Dyspnoe, ausgeprägte Ödeme in den Extremitäten und starke körperliche Leistungseinschränkung begleiteten ihn von Anfang an.
Herr Garcia hat keine Probleme, sich auf der Abteilung zurechtzufinden. Er lässt sich auf medizinisch therapeutische Interventionen ein, macht bei allen Aktivitäten mit, soweit es ihm möglich ist. Laut eigenen Äusserungen ist er sehr froh, auf der Abteilung zu leben. Durch die vielen verschiedenen Kontakte hat er die Freude am Leben wiederentdeckt, insbesondere freut er sich an seiner neuen Freundin, die er vor drei Monaten kennengelernt hat.
An einem Samstagabend äussert Herr Garcia Unwohlsein und Übelkeit während des Abendessens. Aufgrund stärker werdender Schmerzen in der Brust und Atemnot in Ruhe, weist ihn der Hausarzt ins nächste Spital ein. Es wird ein EKG geschrieben, und die folgende Blutentnahme bestätigt die Verdachtsdiagnose eines Herzinfarktes.

Auftrag

1. Finden Sie aufgrund von Literatur und Befragungen von Pflegefachpersonen heraus, welche Grundsätze gelten, wenn bei dieser Diagnose eine PVK gelegt werden muss.
2. Finden Sie Informationen zur Hautbeschaffenheit und zur Venenbeschaffenheit bei alten Menschen.
   - Worin unterscheidet sich die Hautbeschaffenheit alter gegenüber junger Menschen?
   - Welche Eigenschaften können das Legen einer PVK beim alten Menschen erschweren?
3. Versuchen Sie die Themen «schlechte Venenfüllung» und «globale Herzinsuffizienz» miteinander in Verbindung zu bringen. Welchen Einfluss haben die beiden Aspekte auf das Legen einer PVK? Zeigen Sie Ihre Überlegungen mithilfe pathophysiologischer Zusammenhänge auf.

Medien

Menche (2019), S. 525–528
Schewior-Popp et al. (2017), S. 893–899, 1312–1313

Pflege und Betreuung psychisch erkrankter Menschen

Lernziel

Die Studierende/Der Studierende kennt die spezifischen Interventionsmerkmale beim Legen einer peripheren Verweilkanüle unter erschwerten Bedingungen in der Betreuung von psychisch erkrankten Menschen.

Fallbeispiel

Frau Schmidt ist 45 Jahre alt, verheiratet und hat zwei Kinder. Sie wurde kaum ansprechbar am Waldrand liegend aufgefunden. Auf Fragen konnte sie keine klar zusammenhängenden Antworten formulieren. Ihre Stimme war schwach und die Sprache verwaschen.
Frau Schmidt versuchte sich mit Barbituraten (Schlafmitteln) umzubringen, nachdem sie sämtliche Geldreserven und darüber hinaus aktuell eine grössere Geldmenge geliehen und verspielt hat. Sie sieht sich als eine Gefährdung für ihre Familie, da sie diese finanziell ruiniert hat. Nach Auffinden wurde Frau Schmidt sofort in die Notaufnahme des Spitals gebracht. Vor vier Wochen wurde die Patientin von der medizinischen Abteilung auf die Akutpsychiatrie verlegt.
Nach anfänglicher starker Verschlossenheit zeigte Frau Schmidt zunehmend Vertrauen sowohl zum Pflegepersonal als auch zu einigen Mitpatientinnen und -patienten. Sie erscheint seit zwei Wochen zeitig bei der Morgenrunde, war hilfsbereit gegenüber anderen und kam ihren Aufgaben, wie z.B. dem Küchendienst, nach. Es konnte davon ausgegangen werden, dass Frau Schmidt durch die medikamentöse Therapie und intensive therapeutische Begleitung gute Fortschritte gemacht hatte und der schlimmste Teil der Krise überstanden war. Laut eigener Aussage fühlt sie sich deutlich besser und möchte ihre Situation nun tatkräftig angehen und mitgestalten.
Heute früh führte Frau Schmidt einen weiteren Suizidversuch durch und wurde von einer Mitpatientin gefunden. Sie hat in den letzten Wochen ihre Medikamente gesammelt. Frau Schmidt ist blass, stark dehydriert und fühlt sich peripher kalt an. Der Blutdruck ist hypoton (90/60 mm Hg), der Puls ist tachykard (132/min) und rhythmisch. Sie ist zu Person, Zeit und Ort desorientiert, schlägt um sich und schimpft laut, sobald eine Person in ihre Nähe kommt oder sie berührt. Die Stationsärztin sieht im Moment von einer Verlegung ins Akutspital ab, verordnet eine Infusionstherapie, um dem Flüssigkeitsmangel entgegenzuwirken. Zudem wurde medizinische Kohle per Os verordnet.

Auftrag

1. Klären Sie unklare Begriffe anhand der angegebenen Literatur.
2. Finden Sie Informationen zur Kohletherapie. Bei welchen Indikationen findet sie Anwendung und wie sieht das Vorgehen bei einer Verabreichung aus?
3. Führen Sie zu dritt/zu viert ein Rollenspiel zur Eintrittssituation von Frau Schmidt durch. Weisen Sie folgende Rollen zu:
   - Frau Schmidt
   - ein bis zwei Pflegefachpersonen
   - eine Ärztin/ein Arzt
4. Reflektieren und diskutieren Sie in der Gruppe, wie Sie sich in der jeweiligen Rolle gefühlt haben.
5. Die Problematik eine PVK bei Frau Schmidt zu legen, kann sich auf psychischer Ebene zeigen. Können Sie sich vorstellen, welche Aspekte diese Intervention erschweren könnten?
6. Welche Konsequenzen ergeben sich aus der dargestellten Problematik für die Pflegefachpersonen?
7. Was gilt es im Speziellen bei Frau Schmidt zu beachten?

Medien

Menche (2019), S. 1196–1197
Schewior-Popp et al. (2017), S. 1295–1298
Schmid et al. (2016), S. 93–95

Pflege und Betreuung von Kindern und Jugendlichen

Lernziel

Die Studierende/Der Studierende kennt die spezifischen Interventionsmerkmale beim Legen einer peripheren Verweilkanüle in der Betreuung von Kindern und Jugendlichen.

Fallbeispiel

Eleonora ist vier Jahre alt und hat am Eintrittstag ins Spital Geburtstag. Sie lebt alleine mit ihrer Mutter in einer Dreizimmerwohnung in Zürich. Die Bindung zur Mutter ist sehr eng. Ihr Vater leidet an einer psychischen Erkrankung. Manchmal sieht sie ihn monatelang nicht und fremdelt meist, wenn sie ihn wiedersieht; sobald jedoch das Eis gebrochen ist, ist sie sehr gerne mit ihm zusammen und möchte ihn nicht mehr gehen lassen.
Eleonora ist beim Spielen auf der Strasse von einem Velo angefahren worden. Das Geburtstagsfest läuft auf Hochtouren, als sie beim Spielen das näher kommende Velo nicht bemerkt und geradewegs hineinläuft. Ihre Mutter bringt sie gleich ins nächste Spital. Eleonora kennt die Kinderabteilung, da sie dort schon ihre Freundin aus dem Hort besucht hat. Die Kinderärztin stellt eine blutende Schürfwunde an der Stirn fest sowie eine luxierte Schulter. Eleonora hat Kopfschmerzen und leidet unter Übelkeit.

Auftrag

1. Welche Personen sollten in die Betreuung von Eleonora integriert werden? Begründen Sie Ihre Überlegungen.
2. Wie kann ein Kind auf das Legen einer PVK vorbereitet werden?
3. Welche Möglichkeiten zur sicheren Fixierung der Kanüle haben Sie?
4. Neben den Punktionsorten, die üblicherweise bei Kindern oder Erwachsenen gewählt werden, entscheidet man sich bei Babys oftmals für andere Orte. Finden Sie heraus, um welche Orte es sich handelt.
5. Schauen Sie sich mit Ihrer Lernpartnerin/Ihrem Lernpartner Verweilkanülen für Kinder an. Um welche Grössen handelt es sich; wo sind Gemeinsamkeiten und wo Unterschiede zu Verweilkanülen von Erwachsenen?

Medien

Hoehl und Kullick (2019), S. 810–818

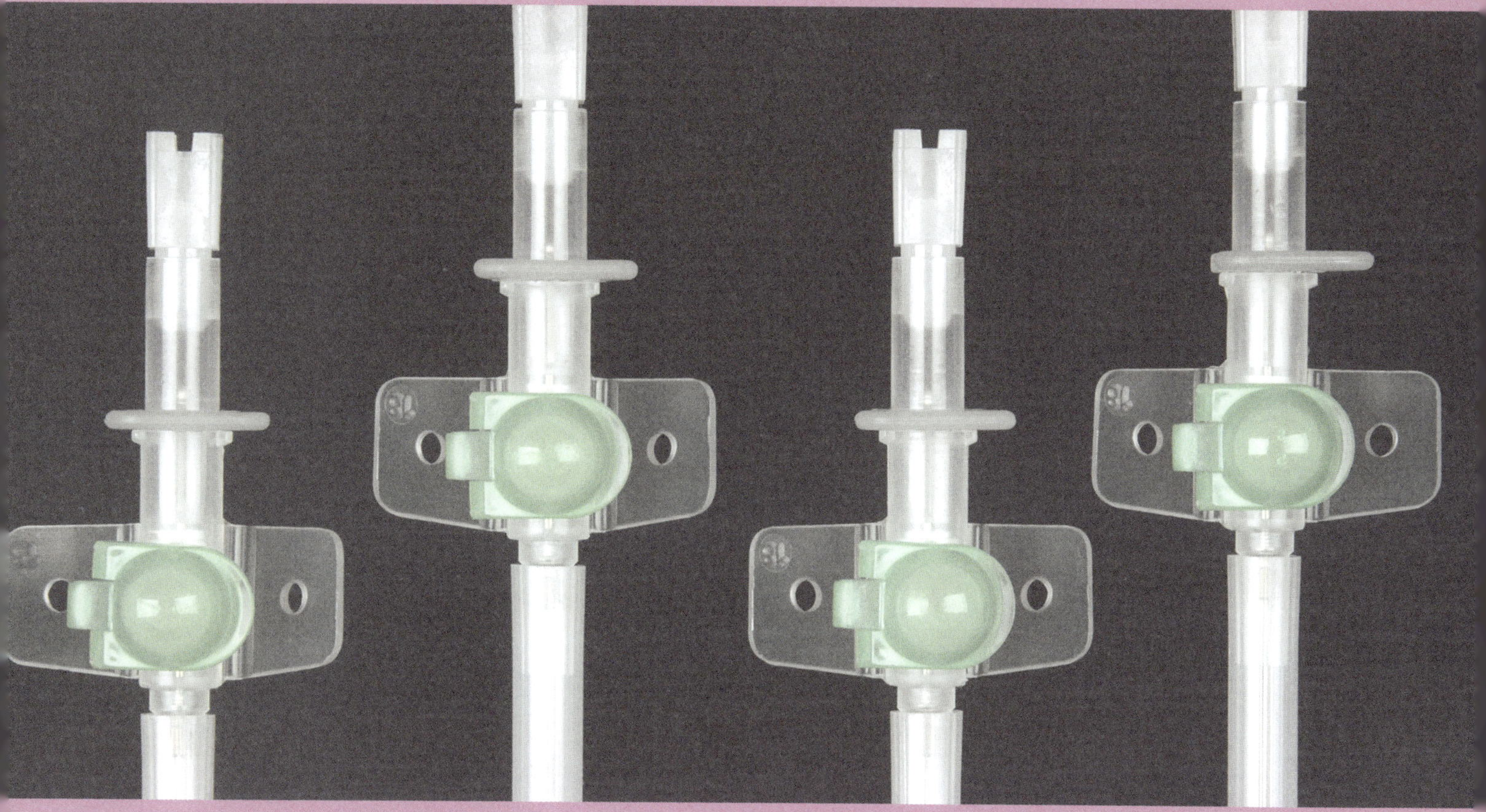

5 Ergebnissicherung

5.1 Reflexion zur Werkstattarbeit

Anhand der folgenden Kernfragen kann die erlebte Werkstattarbeit individuell reflektiert werden. Die Reflexion wird in der Gruppe, im Plenum oder mit der Lehrperson besprochen.

Vorgehen

☺ Was war positiv?

☹ Was war negativ?

Gruppe

☺ Was unterstützte die Arbeit in der Gruppe und den Gruppenprozess?

☹ Was war hinderlich?

Eigene Person

☺ Was ist mir gut gelungen?

☹ Womit bin ich unzufrieden?

Thema

☺ Welche Fachinhalte sind mir präsent?

☹ Welche Fachinhalte muss ich noch nacharbeiten?

Transfer

Was nehme ich mit für weitere Werkstattarbeiten?

Was will ich noch üben?

Was nehme ich mit für die Praxis?

5.2 Lernerfolgskontrolle

1. Wer legt die Indikation zum Legen einer PVK fest?

2. In welcher Masseinheit wird die Grösse einer PVK angegeben?

3. In welchen Abständen wird die PVK neu gelegt?

4. Wo treffen sich die Themenbereiche «Verbandswechsel» und «periphere Verweilkanüle einlegen»? (Gemeinsamkeiten)

5. Aus welchem Grund wird der betroffene Arm vor dem Einlegen einer PVK nach unten gelagert?

6. Wie können Sie beim Wechsel einer Infusion verhindern, dass Blut aus der Kanüle zurückläuft?

7. Begründen Sie, warum die Patientin/der Patient in die Pflegeintervention «Einlegen einer PVK» miteinbezogen werden soll.

8. Worauf müssen Sie achten, wenn die Patientin/der Patient antikoaguliert ist?

9. Welche Massnahmen leiten Sie entsprechend ein?

10. Sie ziehen die Verweilkanüle. Worauf achten Sie?

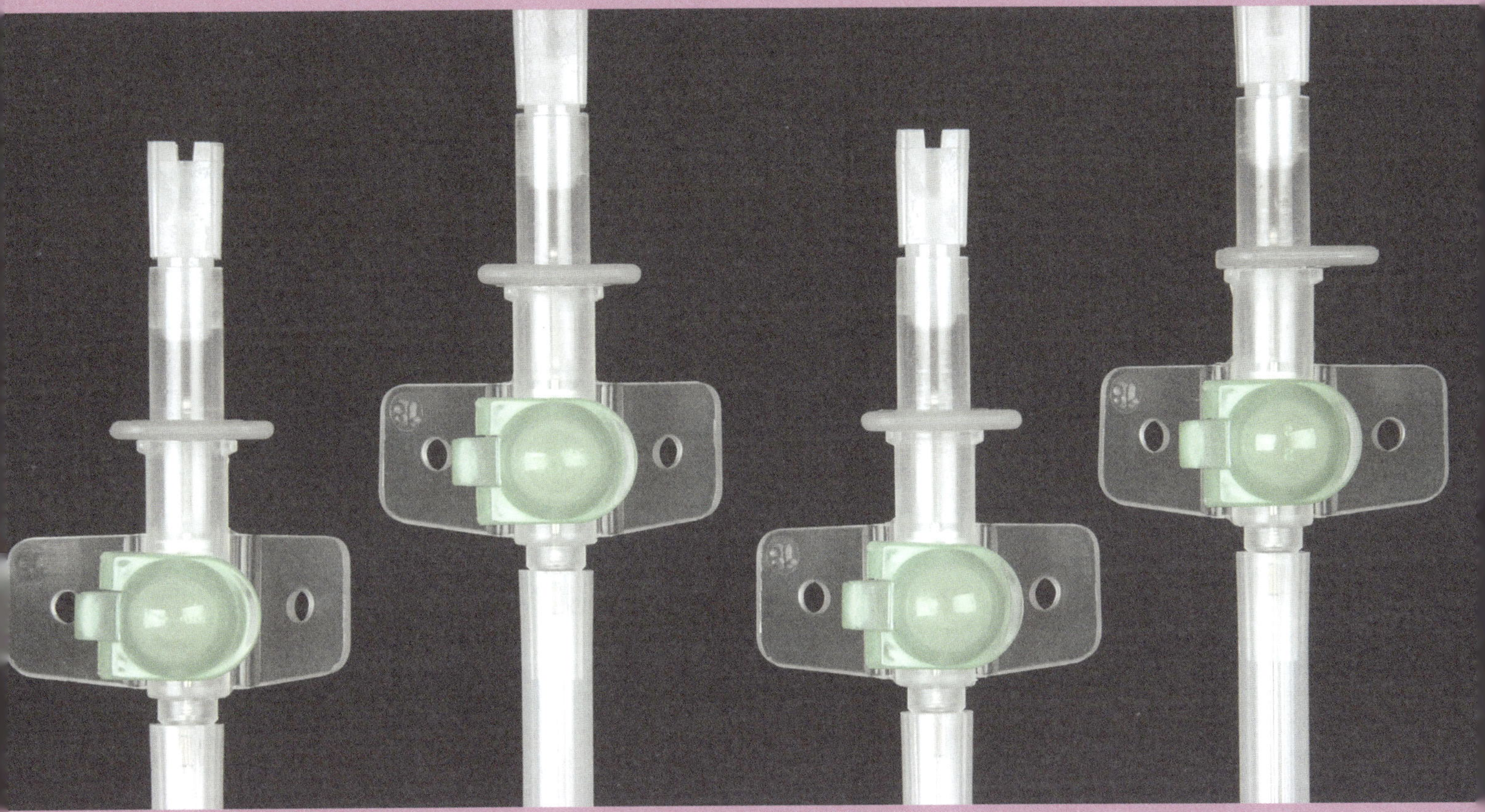

6 Literatur

6.1 Literatur zur Bearbeitung

Gerlach, U./Wagner, H./Wirth, W. (2015): *Krankheitslehre. Innere Medizin für Pflegeberufe* (6. Auflage). Stuttgart: Thieme.

Hoehl, M./Kullick, P. (2019): *Gesundheits- und Kinderkrankenpflege* (5. Auflage). Stuttgart: Thieme.

Hoffmann-La Roche AG & Urban & Fischer Verlag (Hrsg.) (2003): *Roche Lexikon Medizin* (5. Auflage). München: Urban & Fischer.

Kommission für Krankenhaushygiene und Infektionsprävention (KRINKO) (2017): Prävention gefässkatheterassoziierter Infektionen. *Bundesgesundheitsblatt,* Heft 11, S. 907–924. Online: www.rki.de/DE/Content/Infekt/Krankenhaushygiene/Kommission/Downloads/Gefaesskath_Inf_Editorial.pdf?__blob=publicationFile [23.07.2019].
www.rki.de/DE/Content/Infekt/Krankenhaushygiene/Kommission/Downloads/Gefaesskath_Inf_Teil2.pdf?__blob=publicationFile [23.07.2019].

Menche, N. (Hrsg.) (2019): *Pflege heute* (7. Auflage). München: Urban & Fischer.

Schewior-Popp, S./Sitzmann, F./Ullrich, L. (Hrsg.) (2017): *Thiemes Pflege. Das Lehrbuch für Pflegende in Ausbildung* (13. Auflage). Stuttgart: Thieme.

Schmid, B./Hartmeier, C./Bannert, C./Studer, A./Strub, P. (2016): *Arzneimittellehre für Krankenpflegeberufe* (10. Auflage). Stuttgart: Wissenschaftliche Verlagsgesellschaft.

Vasofix® Safety; Sicherheitsvenenverweilkanüle mit Zuspitzport. Online: www.bbraun.ch/de/products/b/vasofix-safety.html [23.07.2019].

der bildungsverlag
www.hep-verlag.ch

Training & Transfer Pflege

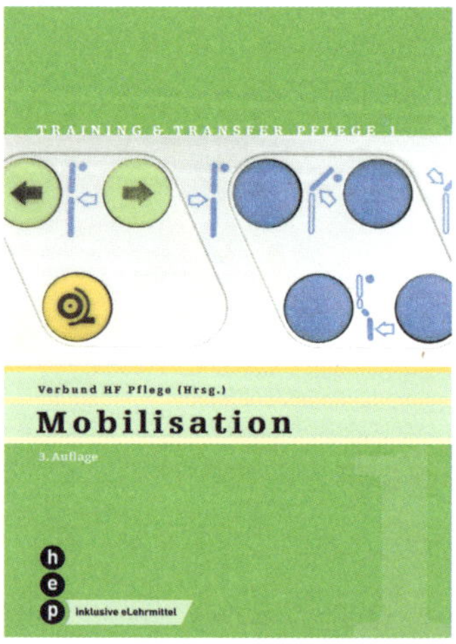

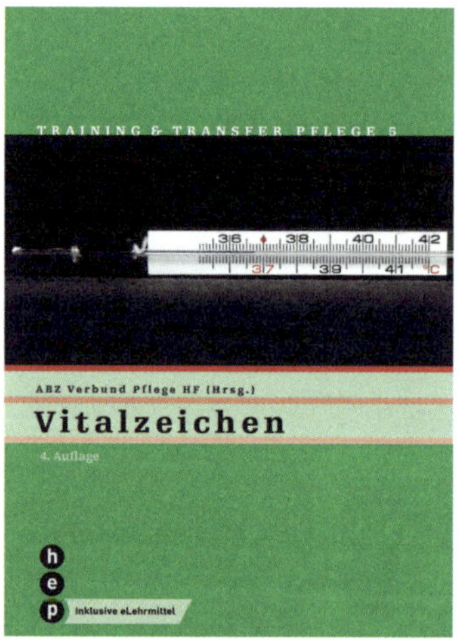

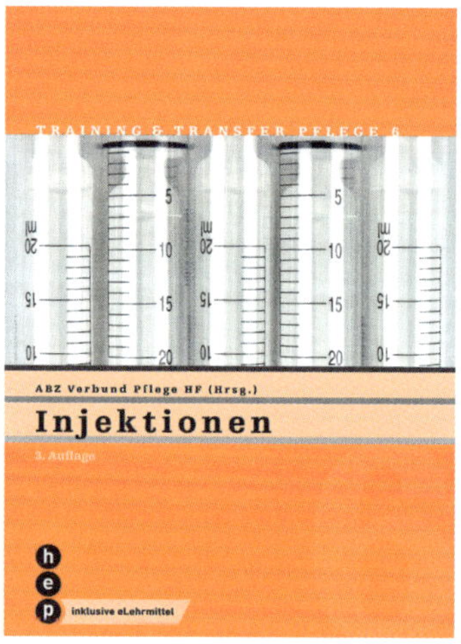

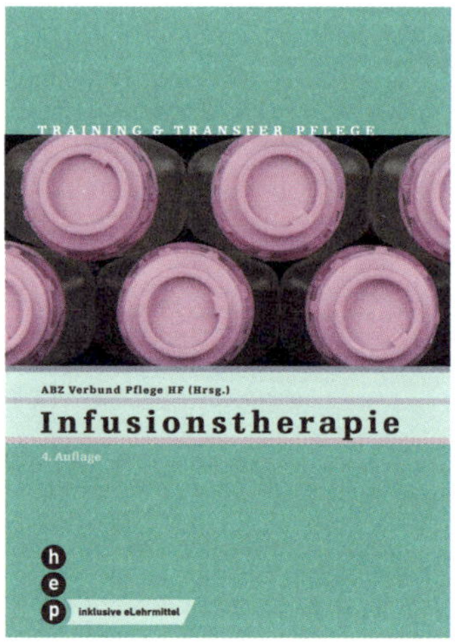

Aktuelle Informationen zu den Heften finden Sie unter www.hep-verlag.ch

der bildungsverlag
www.hep-verlag.ch

152 Seiten, A4, Broschur

Lösungsbuch
64 Seiten, A4, Broschur

Alex Bieli, Ruedi Fricker, Katrin Lyrén

Deutsch Kompaktwissen – Band 1

Wortlehre, Satzlehre, Grammatik, Rechtschreibung, Zeichensetzung mit vielfältigen Übungen

In diesem Lehrmittel werden die wichtigsten Themen der formalen Sprachbereiche behandelt: Laut- und Wortlehre, Wortarten, Rechtschreibung, Satzlehre und Zeichensetzung. Jedem der über 50 Themen ist eine Doppelseite gewidmet; auf der linken Seite befindet sich jeweils die Theorieübersicht, auf der rechten Seite die praktische Anwendung mit zahlreichen Übungen.
«Deutsch Kompaktwissen – Band 1» eignet sich für den Unterricht an Berufsfachschulen und Mittelschulen sowie für Kurse in der Erwachsenenbildung. Zusammen mit dem Lösungsbuch kann das Lehrmittel auch für das Selbststudium empfohlen werden. Zudem dient das Buch als Nachschlagewerk.
Die verständliche Darstellung des theoretischen Hintergrundwissens, die vielfältigen Übungen und die klare Gliederung machen dieses Lehrmittel zu einem nützlichen Grundlagenwerk.

der bildungsverlag
www.hep-verlag.ch

144 Seiten, A4, Broschur

Lösungsbuch
34 Seiten, A4, Broschur

Alex Bieli, Ruedi Fricker

Deutsch Kompaktwissen – Band 2

Textsorten, Stilistik

«Deutsch Kompaktwissen – Band 2» ist, wie der erste Band, thematisch und modular aufgebaut. Im ersten Teil sind oft verwendete Textsorten des schulischen, beruflichen und privaten Alltags übersichtlich dargestellt. Der zweite Teil gibt wichtige Hinweise zur Stilistik mit vielfältigen Übungen zum jeweiligen Thema. Das Lösungsbuch dient dem Vergleich mit den eigenen Lösungsideen und damit der Selbstkontrolle. «Deutsch Kompaktwissen – Band 2» ist so ein nützliches Hilfsmittel, wenn man die eigene Sprachkompetenz aufbauen und im persönlichen Sprachhandeln sicherer und erfolgreicher agieren möchte.
Das Lehrmittel wird für den Klassenunterricht in der beruflichen Ausbildung der Sekundarstufe II, für Aus- und Weiterbildungskurse im Rahmen der Erwachsenenbildung sowie fürs Selbststudium empfohlen.